Lotta Johannson

Hygge, Lykke & Lagom

GLÜCKSREZEPTE AUS SKANDINAVIEN

ars Edition

EIN WENIG HILFE
WILL DAS *Glück* SCHON HABEN.

WEISHEIT AUS NORWEGEN

ZUR INSPIRATION

FÜR ....

VON ....

Hallo, hei, hej!

Auf unserer Suche nach dem Glück reisen wir mit dir zu unseren europäischen Nachbarn nach Skandinavien. Genauer gesagt nach Dänemark, Schweden und Norwegen, die nicht nur sprachlich und kulturell viel gemeinsam haben, sondern die auch das Glücklichsein verbindet.

Der *World Happiness Report* listet jährlich den Glücksindex von über 150 Ländern weltweit auf. Jahr für Jahr landen die Dänen, Norweger und Schweden zuverlässig unter den Top Ten des Rankings, meist auf den vordersten Plätzen. (Deutschland und Österreich schaffen es immerhin unter die ersten zwanzig).

Hoch im Norden, dort wo sich Elch und Eule gute Nacht sagen – per Mobilfunk selbstverständlich –, leben also die glücklichsten Menschen der Welt. Was macht sie so zufrieden? Gibt es ein Geheimnis für ihr Glück?

Vielleicht ist es die einzigartige Natur? Die wilden Fjorde, Wälder und Berge? Die märchenhaften Polarlichter im Winter oder die nie untergehen wollende Sonne in den lauen Sommernächten?

Vielleicht sind es aber auch Werte wie Freundlichkeit, Familie, Tradition und Offenheit für andere Kulturen und neue Technologien? Vielleicht sind es faire Arbeitsbedingungen und eine gute Sozialversicherung? Oder liegt es an ihren ganz besonderen Lebensphilosophien wie *Hygge* und *Lagom*? Wahrscheinlich ist es eine Mischung aus alledem und noch einigem mehr.

Auch wenn es kein ultimatives Patentrezept zum Glücklichsein geben kann, so können wir uns doch eine Scheibe Glück davon abschneiden und uns von den Glücksrezepten aus Skandinavien inspirieren, motivieren und uns ein Lächeln schenken lassen. Genau das wollen wir mit diesem Buch erreichen.

Viel Spaß und Freude dabei!

Deine „Glücks"-Redaktion

Inhalt

VORWORT • Hallo, hei, hej! — S. 3

VELKOMMEN!
Kapitel eins – Dänemark — S. 6

Glücksmomente aus Dänemark — S. 8

Glücklich ist, wer sich sicher
und geborgen fühlt — S. 10

Von Vertrauen und Ehrlichkeit –
oder: Glück hat, wer seine Geldbörse
in Kopenhagen verliert — S. 12

Toleranz macht glücklich — S. 14

Lasst uns Brücken bauen — S. 15

Hygge — S. 18

Offen sein — S. 20

Schöne Erinnerungen einfangen –
*Treibgut-Mobile, Glücks-Windspiel
aus Muscheln* — S. 22

Freunde – wahre Glücksbringer
und Fitmacher — S. 24

Glück ist, wenn jeder ein Schlückchen
abbekommt ... und (s)ein Stückchen
vom Kuchen! – *Dänischer Brau-
ner-Zucker-Kuchen (Brunsviger)* — S. 28

Vom Glück des Augenblicks — S. 30

Picknick-Wraps mit Lachs und Rucola — S. 34

Work-Life-Balance — S. 36

Inseln im Alltag — S. 38

Ein BISS-chen Glück –
Kabeljau küsst dänisches Smørrebrød — S. 40

Raus an die frische Luft! — S. 42

Bau dir einen Drachen — S. 44

Zu Hause wohnt das Glück — S. 46

Süße Momente genießen –
Heiße Trinkschokolade — S. 47

Hyggelige Weihnachten! –
Julehjerte basteln — S. 50

VELKOMMEN!
Kapitel zwei – Norwegen — S. 52

Glücksmomente aus Norwegen — S. 54

Das Glück liegt in den kleinen Dingen –
und manchmal auch in größeren ... — S. 56

Lesen macht glücklich — S. 58

Einer für alle, alle für einen — S. 62

Happy Food – *Fiskesuppe mit Lachs* — S. 64

Von Glücks-Kicks und
Überraschungen.
Abwechslung macht glücklich — S. 66

Glücklich ist, wer sich draußen bewegt — S. 70

Das Glück ist (manchmal) eine Scheibe:
Svele – süße norwegische Pfannkuchen — S. 72

Das Glück kommt zu denen, die lachen — S. 74

Probier etwas Neues aus! – *Iglu bauen* — S. 76

Mut zur Masche! –
Stricken macht glücklich — S. 78

Warm ums Herz – *Norwegische Vafler
& Rømme mit Preiselbeeren* — S. 80

Wärmender Wintertee „Wanda" – S. 84
Gewürz-Schwarzteemischung

Sternstunden S. 86

Von Zauber und Tradition – S. 90
oder: Trolle bringen Glück

Vorfreude ist die schönste Freude ... S. 92
Individuelle Päckchen schnüren,
Troll-Schühchen zum Befüllen

Jul i Norge S. 94
(Weihnachten in Norwegen) –
ein Fest für alle!

VÄLKOMMEN! S. 96
Kapitel drei – Schweden

Glücksmomente aus Schweden S. 98

Happy Sweden – S. 100
oder: Das große Glück beginnt klein

Lagom – Das Glück liegt in der Mitte S. 102

Einfach glücklich sein S. 104

Friede, Freude, Lagom S. 106

Gute Fahrt will Weile haben. S. 108
Entschleunigung im Alltag

Glück, das ist in beiden Händen S. 110
Blumen halten

Pflücke den Tag! – S. 112
Blumenkranz binden

Gemeinsam sind wir stark S. 114

Working Happiness S. 116

Vill du fika? – S. 118
Kleine Pausen erfrischen den Geist!

Glück vom Blech – S. 120
Ofenwarme Kanelbullar

Vom Glück des Miteinanders S. 122

Singen macht glücklich! S. 124

Mach dir die Welt, wie sie dir gefällt S. 126

Die Natur genießen S. 128

Eiskalte Beerenfreude am Stiel S. 129

Ein Augenblick der Seelenruhe S. 130

Nachhaltigkeit: gut für die Umwelt – S. 132
und für die Seele

Upcycling – aus Alt mach Neu und S. 133
hab Spaß dabei!

Um sich im Hafen wohlzufühlen, muss S. 134
man die raue See befahren haben

Das Glück ist (manchmal) rund – S. 136
Eine Pfanne leckere Veggie-Köttbullar

Zuhause ist kein Ort, sondern S. 138
ein wohliges Gefühl

Blumen in Dosen, weihnachtlicher S. 139
Wandschmuck aus Packpapier

Alle Jahre wieder S. 140
Weihnachtliches Birkenbäumchen

God jul! S. 142

IMPRESSUM S. 144

— DÄNEMARK —

Velkommen!

DÄNEMARK
konstitutionelle Monarchie mit
parlamentarischer Regierungs-
form, Gründung 980 n. Chr.

KÖNIGIN
Margrethe II.
(repräsentative Funktion)

WÄHRUNG
Dänische Krone

FLÄCHE
43 094 km²

EIGENBEZEICHNUNG
Danmark

HAUPTSTADT
Kopenhagen

EINWOHNER
gesamt 5 731 000; pro km² 133

LAND & LEUTE:

Dänemark ist ein (Halb-)Inselstaat zwischen Nord- und Ostsee. Die einzige Landgrenze, die es hat, ist die zu Deutschland. Nirgends ist man hier weiter als 52 km vom Meer entfernt!

Über 400 Inseln gehören zum Staat, etwa 80 von ihnen sind bewohnt.

Das dänische Königshaus ist das älteste in Europa und gilt als eines der liberalsten der Welt; die Dänen lieben es.

Die typisch dänische „rote Wurst", *rød pølse,* gibt es an fast jeder Straßenecke – etwa 3 Millionen Hotdogs werden jährlich verkauft.

Dänemark ist die Nation der Fahrradfahrer: Mehr als ein Drittel der berufstätigen Bevölkerung fährt entspannt mit dem Rad ins Büro.

Es gibt keine Atomkraftwerke im Land, die Dänen setzen verstärkt auf Windkraft und Solarenergie.

Die Dänen gelten als gemütlich, offen und herzlich – und sie haben Stil: Dänisches Design gehört seit Langem zu den Exportschlagern des Landes.

Dannebrog, die dänische Flagge, kommt ganz selbstverständlich auch als Geburtstags- und Weihnachtsdeko zum Einsatz (weil sie ganz »einfach schön« sei, lautet oft die Begründung).

Höflich, höflicher, dänisch: Das kleine Wörtchen *tak,* danke, hört man hierzulande ständig.

Ein bisschen eigen können die Nachfahren der Wikinger auch sein, heißt es lächelnd.

Glücksmomente AUS DÄNEMARK

Glücklich ist,

WER SICH SICHER UND GEBORGEN FÜHLT

Das kleine Land, das vielfach zum glücklichsten der Welt gekürt wurde, schmiegt sich harmonisch zwischen zwei Meere und ist für seine kilometerlangen Sandstrände gleichermaßen bekannt und beliebt wie für seine Fahrradwege. Hohe Dünen gehören zum Landschaftsbild genauso wie saftige Wiesen, Schafe und Kühe. Als „Italiener des Nordens" werden die Dänen manchmal bezeichnet und ihr Land als „heimelig". Ein Fleckchen Erde zum Wohlfühlen. Vielleicht sind die Dänen auch deshalb schon so glücklich – *lykkelig,* wie sie selbst sagen (von *lykke,* das Glück).

Darüber hinaus schielen wir europäischen Nachbarn so manches Mal neidvoll auf die Sozialleistungen des Staates. Dänemark wird oft als Wohlfahrtsstaat Dänemark bezeichnet. Aber den Nachfahren der Wikinger ist das Glück nicht von selbst zugefallen. Das Land lässt es sich durch einen der höchsten Steuersätze der Welt etwas kosten. Die Dänen entrichten ihre Steuern bereitwillig, denn sie wissen, dass sie durch die ambitionierte Sozialpolitik Freiheiten genießen, von denen andere Länder nur träumen können. Das gilt besonders für Familien, die durch das umfassende Angebot an Kindertagesstätten und die weltweit kürzesten Arbeitszeiten Beruf, Kind und Kegel entspannt verbinden können. Darüber hinaus ist Dänemarks Gesundheitsversorgung nahezu kostenlos, und wer seinen Arbeitsplatz verliert, wird aufgefangen. Es gibt eine gut ausgebaute Arbeitsvermittlung, die Arbeitslosigkeit dauert in der Regel nur kurz und liegt deutlich unter dem EU-Durchschnitt. Wer sich von einem solch sicheren Netz umgeben weiß, ist naturgemäß zufriedener.

Von Vertrauen und Ehrlichkeit –

ODER: GLÜCK HAT, WER SEINE GELDBÖRSE IN KOPENHAGEN VERLIERT

Geldtasche verloren? Hoffentlich in Kopenhagen! In Dänemark gelten Vertrauen und Ehrlichkeit als nationale Tugenden. Als US-Feldforscher weltweit in Großstädten Geldbörsen mit Bargeld hinterlegten, war Kopenhagen die einzige Stadt, in der alle gefundenen Geldbeutel zurückgegeben wurden. Das Vertrauen in die Ehrlichkeit anderer wird in Dänemark großgeschrieben. Ehrlichkeit und Vertrauen sind die Grundpfeiler eines stabilen sozialen Gefüges, das wissen die Dänen. Nicht nur in der Partnerschaft, sondern auch im Umgang mit unseren Mitmenschen ist es ein gutes Gefühl zu wissen, wir können uns aufeinander verlassen. Das gibt Sicherheit, befreit davon, sich unnötig Sorgen zu machen, und lässt uns umso leichter und beschwingter durchs Leben gehen.

Testen wir uns einmal selber:

Wie ehrlich sind wir im Alltag?
(Kleine Notlügen immer ausgenommen!)

Können wir vielleicht an uns selbst arbeiten?

Wie groß ist unser Vertrauen in unser Umfeld?

Was können wir tun, um dieses noch zu stärken?

Das macht uns
langfristig glücklicher.

Toleranz macht glücklich

Eine Studie belegt: Je toleranter wir im Umgang miteinander sind, desto zufriedener sind wir mit unserem eigenen Leben. So ergab eine Befragung: 38 % der toleranten Probanden waren sehr zufrieden mit ihrem Leben, in der Gruppe der weniger bis wenig toleranten Testpersonen waren es dagegen nur noch 16 %.

Der dänische Fernsehsender TV2 hat zum Thema Toleranz einen charmanten Kurzfilm geschaffen, der ursprünglich der Eigenwerbung dienen sollte. Daraus wurde schließlich mehr: Der Spot „All that we share" wird im Internet weltweit millionenfach geteilt und kann längst für sich alleine stehen – als ein wunderbares, dänisches Plädoyer für Toleranz und Miteinander.

LASST UNS BRÜCKEN BAUEN

Warum beginnen wir nicht einen Tag damit, uns ganz fest zu wünschen, dass überall auf der Welt die Menschen das Recht haben mögen, offen und frei zu leben und ihr persönliches Glück zu suchen. Und darum zu bitten, dass wir stark und tolerant genug sein mögen, ihnen selbst dieses Recht einzuräumen.

Du verlierst nichts,
wenn du mit deiner Kerze
die eines anderen anzündest.

WEISHEIT AUS DÄNEMARK

Hygge

Glück ist natürlich auch im dänischen Hygge zu finden. *Hygge* (gesprochen: hügge), das bedeutet so viel wie Wohlbefinden oder Gemütlichkeit. Das Adjektiv *hyggelig* wird oft verwendet, um etwas als „typisch dänisch" zu bezeichnen – wie in den Begriffen geborgen, behaglich, heimelig, kuschelig, warm, bezaubernd, malerisch, knuffig oder klein, aber fein.

Das ist Hygge, wie wir es lieben: Wenn sich die Welt draußen von ihrer ungemütlichen Seite zeigt, schafft man sich drinnen ein molliges Rückzugsnest. Die Füße in warme Wollsocken gepackt, genießt man – gemeinsam in die Kuscheldecke eingemummelt – eine dampfende Tasse Tee. Nebenbei knistert das Feuer oder flackert Kerzenschein. Für Hygge braucht es aber viel mehr als nur Kuschelutensilien; Hygge schließt das Bewusstsein ein, dass gemütliche, gemeinsame Zeiten der Geborgenheit heilig sind. Es ist die kostbare „Zeit für uns" im trauten Heim, die wir uns gegenseitig so angenehm wie möglich machen. Kritik und Nörgeleien bleiben draußen, und alles, was das Herz erwärmt, wird mit vollen Händen ausgeteilt.

Hygge ist einfach Bestandteil der dänischen Kultur. Den Dänen gelingt es, hyggelige Momente im Alltag zu schaffen. Wir können das auch! Hygge ist für jedermann. Es geht nicht um die Dinge, die man kaufen kann, sondern um die kleinen Glücksmomente im Alltag. Das kann ein Ausflug mit dem Fahrrad sein, ein Picknick, ein selbst gemachter Kuchen, den man mit Freunden teilt … Alles, was du brauchst, bist du selbst und etwas Zeit.

Offen sein

Vielleicht macht die besondere Lage Dänemarks – zwischen zwei Meeren gelegen, eine einzige Landesgrenze besitzend, die Weite des offenen Meeres nahezu überall gegenwärtig und immer spürbar –, dass die Dänen im Allgemeinen als sehr aufgeschlossen und weltoffen gelten. Etwas, das dem Glück sehr förderlich ist. Denn wer offen ist, nimmt viele Dinge wahr, die andere leicht übersehen. Diese feinen, kleinen Glücksmomente, nach denen man eigentlich nur zu greifen braucht …

Schöne Erinnerungen einfangen

So werden aus hübschen Fundstücken im Handumdrehen dekorative Lieblingsstücke, die uns immer wieder an wunderbare Momente erinnern.

TREIBGUT-MOBILE

Von Meer und Wind geformte Treibhölzer sind kleine Kunstwerke, die nach langer Reise an Land gespült werden. In einem selbst gestalteten Mobile kommen die Meeresbummler ganz neu zur Geltung. Alles, was man dazu benötigt, ist Treibholz und, wenn man will, allerlei interessantes Treibgut, eine Bohrmaschine, ein robustes Packband oder ein dünnes Seil und eine Schere.

In die Mitte jedes Holzes wird ein Loch gebohrt. Nun wird das erste Treibholz aufgefädelt. Ein Doppelknoten am unteren Ende des Bandes hilft bei der Fixierung. Wenn die Holzstücke nicht direkt aufeinanderliegen sollen, dann einfach im Wunschabstand einen weiteren Doppelknoten machen. Nach und nach alle Hölzer auffädeln und dazwischen nach Belieben verschiedene Gegenstände anbringen. Fertig ist das maritime Kunstwerk.

TIPP: Mit einer kleinen Glocke als Abschluss wird aus dem kreativen Mobile ein klingendes Windspiel.

GLÜCKS-WINDSPIEL AUS MUSCHELN

Das Windspiel aus einer alten, angespülten Glasflasche und ein paar Muscheln ist leicht nachgebaut. Das Schwierigste ist, den Flaschenboden zu entfernen. So geht's: Mit einem Glasschneider rundum die Oberfläche des unteren Flaschenteils einritzen.

Danach entlang dieser Linie die Flasche mit einem Lötbrenner erwärmen. Im kalten Wasser abschrecken, anschließend mit einem Tuch um den Boden fassen und vorsichtig abtrennen.

Die scharfe Kante mit dem Schleifer oder etwas Schleifpapier abrunden.

Packband oder dünnes Seil in gewünschte Länge bringen, einen Knoten in das Seil an der Stelle machen, die später direkt unterhalb des Flaschenhalses liegen soll, sodass die Flasche nicht abrutschen kann.

(Der Knoten kann alternativ auch fest im Flaschenhals verankert werden, er muss jedoch stark genug sein, um die schmalste Stelle nicht zu passieren.)

Nach Lust und Laune Muscheln am Seil befestigen; eine kleine Muschel im Innern der Flasche so platzieren, dass sie schwingen kann. Stößt sie an das Glas, so ertönt ein kleines „Lied".

Anschließend das Seil von unten durch den Flaschenhals ziehen, am Wunschort aufhängen und lauschen.

Freunde –

WAHRE GLÜCKSBRINGER UND FITMACHER

Freunde tun unserer Seele gut! Das wissen wir spätestens, seitdem uns eine helfende Hand die Schaufel zurückgegeben hat, die uns der große Junge im Sandkasten weggenommen hat, als wir drei Jahre alt waren. So oder so ähnlich. Aber auch auf unseren Körper hat Freundschaft eine positive Wirkung – sie fördert nämlich die Gesundheit. Und zwar vor allem in den ersten Lebensphasen und im Alter. Nicht immer haben wir die Zeit, unsere Freundschaften so zu pflegen, wie wir es eigentlich gerne möchten. Aber für ein kleines „Hallo, wie geht's dir?!", zur Not auch auf dem Anrufbeantworter, ein spontanes „Hei – du fehlst!" mit einem Lächel-Smiley auf dem Display, ein kleines Überraschungspäckchen im Briefkasten oder eine witzige Postkarte finden wir vielleicht die Zeit und sollten uns diese auch nehmen.

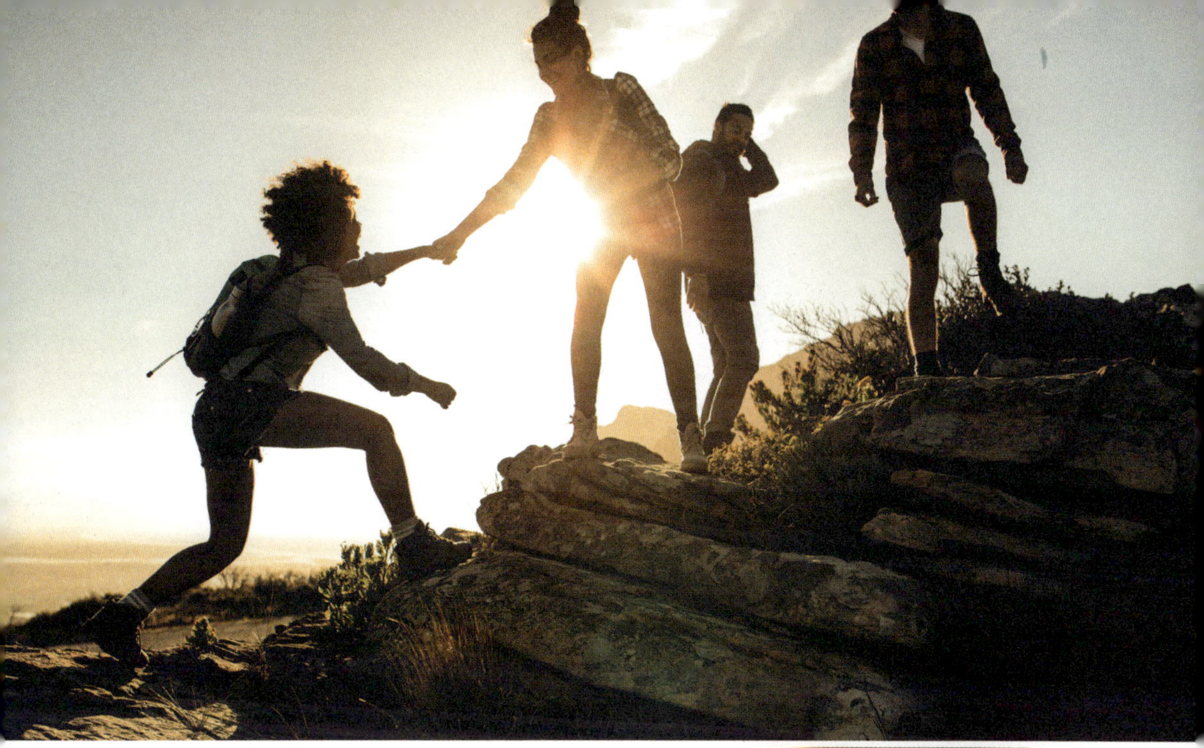

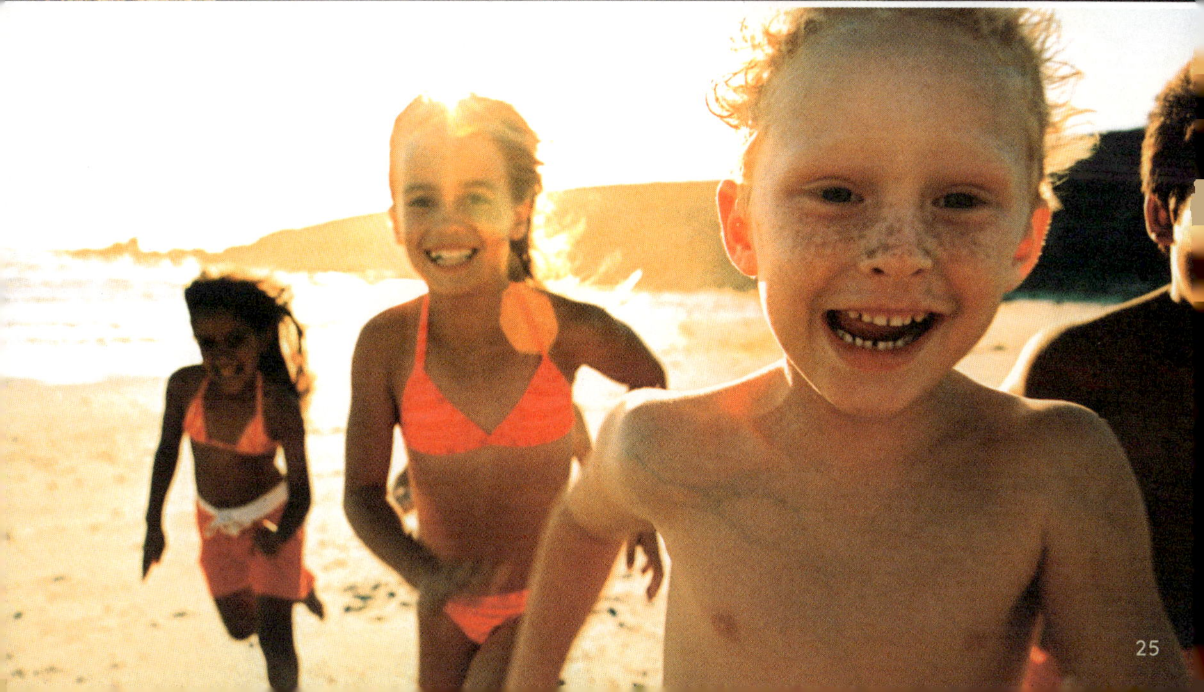

Wer mich beschenkt,
lehrt mich zu schenken.

WEISHEIT AUS DÄNEMARK

Glück ist,

WENN JEDER EIN SCHLÜCKCHEN ABBEKOMMT ...

Es heißt, dass bereits die Wikinger den Krug Met durch die Runde gehen ließen, damit jeder etwas abbekam. Dänemark ist eine egalitäre Gesellschaft, die danach strebt, dass alle Mitglieder ihren rechtmäßigen Teil erhalten und kein Mitglied dauerhaft Macht über andere ausüben kann. Diese Grundhaltung spiegelt sich in den flachen Hierarchien wider und einem respektvollen Umgang miteinander. Eine Welt, in der jeder seinen Platz hat, ist ein angenehmer Ort.

... und (s)ein Stückchen vom Kuchen!

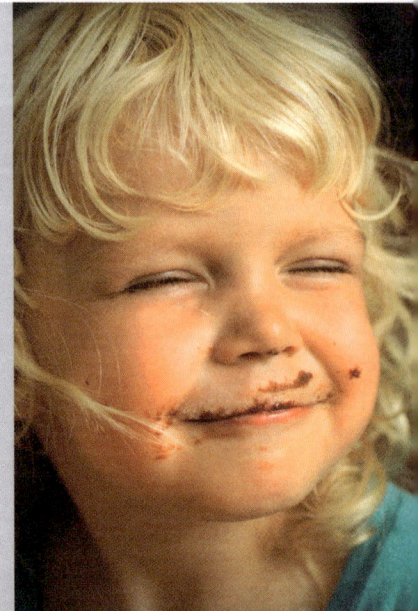

Dänischer Brauner-Zucker-Kuchen

(BRUNSVIGER)

FÜR GROSSE UND KLEINE LECKERMÄULER

DAS IST DRIN:

Für den Teig:
- 225 ml Milch
- 1 Würfel Hefe
- 100 g weiche Butter
- 2 EL Rohrzucker
- ½ TL grobes Meersalz
- 2 Eier (Größe M)
- 450 g Dinkelmehl (Type 630) oder Weizenmehl (z. B. Type 405)

Zum Beträufeln:
- 125 g Butter
- 125 g brauner Zucker

Zum Bestreuen:
- 70 g Mandelblättchen (nach Belieben)

SO GEHT'S:

Heize den Ofen auf 200 Grad (Ober- und Unterhitze) vor und lege ein Backblech mit Backpapier aus. Löse die Hefe in lauwarmer Milch auf, füge die übrigen Zutaten hinzu und knete alles gut durch. Lass den Teig für circa 20 Minuten gehen. In der Zwischenzeit kannst du die Butter in einem kleinen Topf erwärmen, den Zucker hinzugeben und kurz aufkochen lassen. Nach dem Ruhen den Teig gleichmäßig auf das Blech streichen und kleine Vertiefungen in den Teig drücken.

Am besten nimmst du dafür das abgerundete Stielende eines Holz-/Rührlöffels, mit einem herkömmlichen Löffel geht es aber auch. Anschließend verteilst du die Butter-Zucker-Mischung über den Kuchen. Auf mittlerer Schiene etwa 25 Minuten backen. Wenn du willst, kannst du circa 10 Minuten vor Ablauf der Backzeit noch Mandelblättchen auf den Kuchen geben. Teilen und genießen!

Vom Glück des Augenblicks

Das Leben ist die Summe aller Augenblicke. Ein Geheimnis für kleine Glücksinseln im Alltag besteht darin, im Jetzt zu leben und sich an dem zu erfreuen, was gerade ist. Eine überraschende Pointe, der kuschelige Schlemmerabend und der Sonnenstrahl, der einen daran erinnert, dass sich der schönste Platz der Erde unter freiem Himmel befindet. Unsere nicht sonnenverwöhnten nordischen Freunde sind Meister darin, aus allem das Beste zu machen. Im Winter richtet man es sich hyggelig ein, der Sommer wird gefeiert und ausgekostet. Weil jeder Augenblick zählt, packen Skandinavier gerne den Picknickkorb. Auch für uns wartet eine Brise Glück auf der grünen Wiese.

Das wunderbarste Märchen
ist das Leben selbst.

HANS CHRISTIAN ANDERSEN

WANN HAST DU DAS LETZTE MAL EIN PICKNICK VERANSTALTET?

DIESES REZEPT IST DER IDEALE BEGLEITER:

Picknick-Wraps mit Lachs und Rucola

DAS IST DRIN:
Zutaten für 2 Schleckermäuler:

- 2 Weizentortillas
- ¼ rote Zwiebel, fein gewürfelt
- 65 g Doppelrahmfrischkäse
- 1 EL Worcestersauce
- evtl. Joghurt zum Strecken
- Salz & Pfeffer
- 30 g Rucola
- 100 g Lachs

SO GEHT'S:
Die Zwiebel fein würfeln, mit dem Frisch-käse und der Worcestersauce vermengen. Eventuell noch etwas Joghurt zugeben, damit die Creme schön streichfähig wird. Sie sollte allerdings nicht zu flüssig geraten. Ganz nach Belieben mit Salz und Pfeffer abschmecken.

Die Weizentortillas vorsichtig mit Wasser bestreichen, dann die Creme auf eine Tortil-la-Hälfte dünn auftragen. Bestrichene Seite mit Rucola und Lachs belegen. Anschlie-ßend die Wraps mit leichtem Druck rollen. Die gerollten Wraps eng in Folie einrollen und im Kühlschrank lagern. Am besten straff verpackt in den Picknickkorb legen und vor Ort schneiden.

Dieser Snack lässt sich prima am Vortag zubereiten.

Velbekomme!

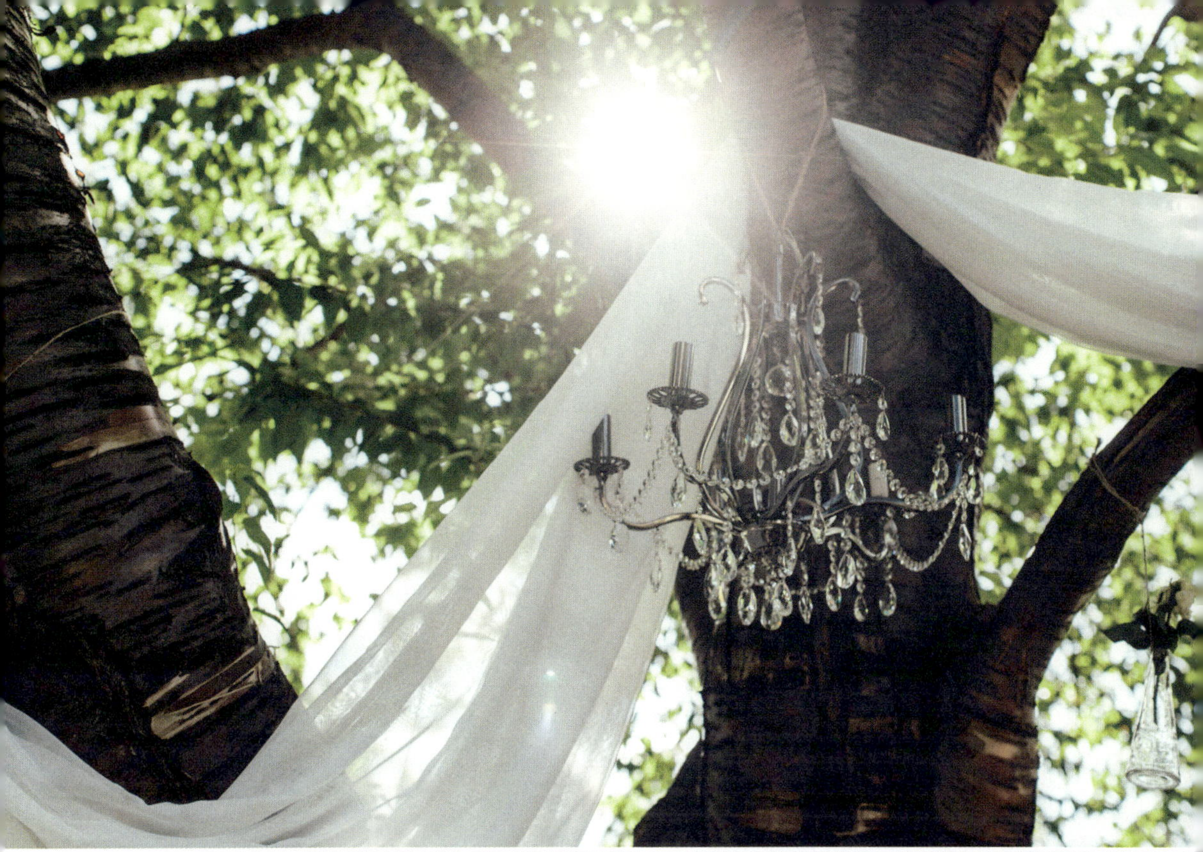

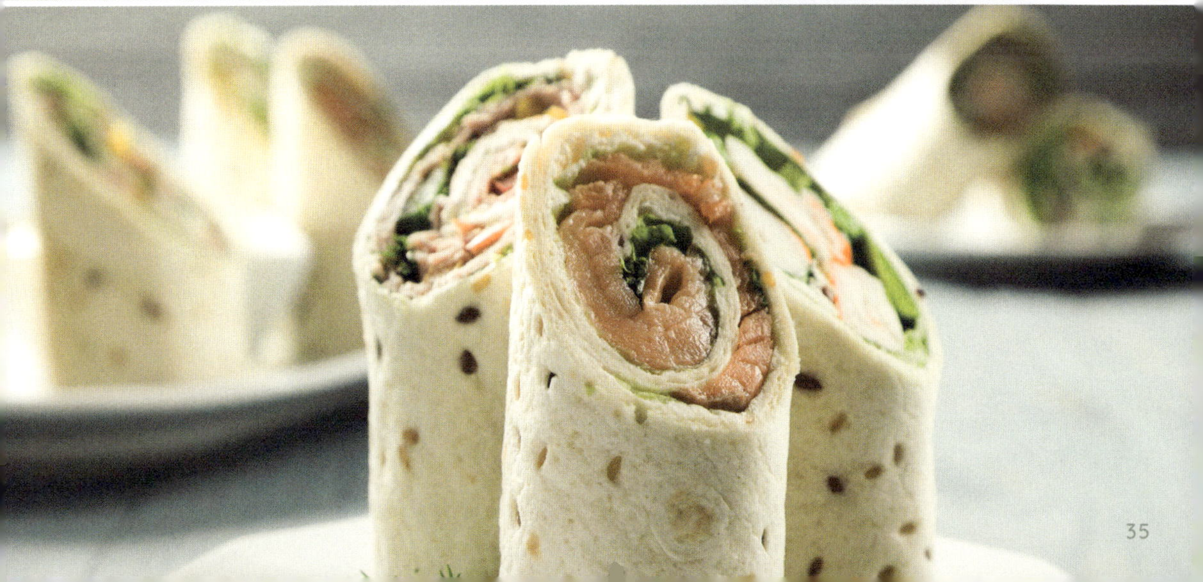

WORK-LIFE-BALANCE

Die Dänen sind Weltmeister darin, eine ausgewogene Balance zwischen Arbeit und Freizeit zu halten – kaum einer anderen Nation gelingt das so gut. Was ist ihr Geheimnis? Zum einen sind die Rahmenbedingungen ideal: Die Dänen arbeiten in der Regel 37 Stunden in der Woche. Sie genießen eine hohe Flexibilität an ihrem Arbeitsplatz, können viel im Homeoffice arbeiten und verfügen über Gleitzeit. Zum anderen legen sie selbst sehr viel Wert auf ihr Privatleben und respektieren auch das der anderen. So ist es zum Beispiel undenkbar, Mails nach Feierabend zu verschicken oder zu beantworten.

Wenn wir das Gefühl haben, dass unser Arbeitspensum zu hoch ist und wir zu wenig Zeit darauf verwenden, uns Gutes zu tun, dann ist es ratsam, einen kleinen Check zu machen:

- Übernimmst du häufig Arbeit von anderen?
- Bist du völlig erschöpft, wenn du nach Hause kommst?
- Bleibt genügend Zeit für die Familie?
- Triffst du gelegentlich deine Freunde?
- Hast du Hobbys, denen du aktiv nachgehst?
- Ist nach Feierabend wirklich Schluss? Oder wälzt du noch berufliche Probleme?
- Kannst du dich zu Hause entspannen?
- Würdest du sagen, du bist im Großen und Ganzen glücklich und zufrieden?
- Treibst du Sport?
- Bist du regelmäßig an der frischen Luft?
- Hast du öfter mal Verspannungen?

Im Zweifelsfall solltest du dir überlegen, was du an deiner momentanen Situation verändern kannst. Sprich auch mit deinen Kollegen und Vorgesetzten. Eventuell kannst du etwas kürzertreten, (mehr) von zu Hause aus arbeiten oder ein paar Tage spontan freinehmen.

Inseln im Alltag

Kleine Inseln im Alltag schaffen – das heißt, dich mit Ruhe umgeben und in Momente eintauchen, die nur dir gehören. Einfach eine Weile nicht erreichbar sein. Das kann ein spontanes Sonnenbad auf der Parkbank sein, eine schöne Tasse Fünf-Minuten-Tee auf dem Balkon, die kuschelige Sofaecke und die halbstündige Episode der Lieblingsserie, die nächsten 20 Seiten aus dem spannenden Roman, ein kurzer, erholsamer Mittagsschlaf...

Übrigens: 20–30 Minuten Powernapping fördern nachweislich die Konzentration und steigern die Produktivität. So hat ein großer dänischer Hersteller von Outdoor-Equipment gleich eine ganze Serie von ergonomisch geformten und aufblasbaren Kissen für das Nickerchen zwischendurch herausgebracht. Gleichermaßen unterwegs als auch im Büro einsetzbar.

Ein BISS-chen Glück

Zu Mittag gibt es in Dänemark traditionell *Smørrebrød*. Das sind weit mehr als nur belegte Butterbrote – es sind kleine kulinarische Kunstwerke, die dem Gaumen schmeicheln. Ob mit Fisch, Fleisch, Gemüse oder exotischen Aufstrichen, die Kreationen sind allesamt lecker.

Auch in Restaurants wird *Smørrebrød* angeboten. Dort verzehrt man es selbstverständlich mit Messer und Gabel. Zu Hause und unterwegs darf aber ganz einfach herzhaft abgebissen werden.

Kabeljau küsst dänisches Smørrebrød

DAS IST DRIN:

Zutaten für 4 Genießer:

- 1 Bund grüner Spargel
- 300 g Kabeljau
- 300 ml kochend heißer Gemüsefond
- Salz, Pfeffer
- Zitronensaft
- 300 g Crème fraîche
- 2 Radieschen
- Schmackhaftes Vollkornbrot
- Kapuzinerkresse-Blüten zum Garnieren

SO GEHT'S:

Spargel weich dünsten. Den Fisch in kleine Stücke schneiden und mit heißem Fond übergießen. Anschließend mit Salz und Pfeffer würzen und mit dem Mixer fein zerkleinern. Mit Zitronensaft abschmecken. Die Masse abkühlen lassen, Crème fraîche unterrühren. Radieschen in feine Scheiben schneiden. Brotscheiben großzügig mit Kabeljauaufstrich bestreichen, mit Spargelspitzen und Radieschen belegen und mit Blüten garnieren.

Raus an die frische Luft!

In Dänemark liegt kein Ort weit von der nächsten Küste entfernt. Kleine Alltagsfluchten sind schnell gemacht – die Tasche gepackt und ab zum Meer! Lange Strandspaziergänge machen, die salzige Meeresbrise einatmen, sich frei fühlen. Natürlich ist das nicht allen möglich, aber jeder von uns kann raus an die frische Luft! Denn die ist so wichtig für uns. Im nahe gelegenen Park joggen, durch den Wald spazieren, über Feld und Wiesen bummeln, sich den Wind um die Nase wehen lassen. Wer sich draußen in der Natur aufhält, beugt erwiesenermaßen schlechter Laune vor, stärkt sein Immunsystem, bringt seinen Kreislauf in Schwung und fühlt sich rundum wohler.

BAU DIR EINEN DRACHEN

Wenn du Lust hast, dich mal so richtig
auszulüften, dann lass doch wieder mal
einen Drachen steigen! Wie lange ist es
her, dass du das getan hast?

Es macht Spaß und ist obendrein gesund –
frische Luft, Bewegung, ein paar Sonnen-
strahlen einfangen, lachen ...

Mit etwas Material und Zubehör kannst du dir deinen eigenen Drachen mit ein paar Handgriffen nachbauen:

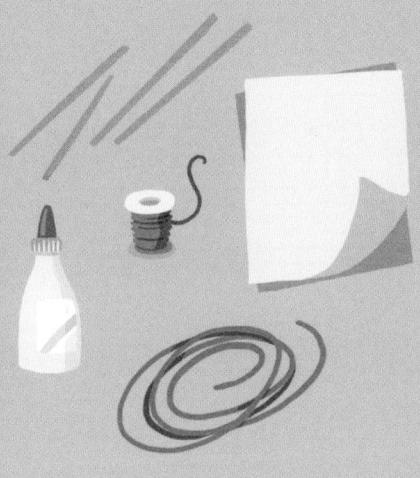

DAZU BENÖTIGST DU:

- 1–2 m Drachenschnur (Steuerleine und Drachenschwanz)

- Krepppapier (nach Belieben; zum Schmücken des Drachenschwanzes)

- 4 Holzstäbe: Länge 60 cm und 45 cm

- etwas Bindfaden zum Verknoten der Holzstäbe

- Klebstoff für Drachenmaterial

- für einen Papierdrachen: Transparent-/Seidenpapier

- für einen Drachen aus Stoff: Polyester-/Nylontuch

SO GEHT'S:

Folge einfach der Anleitung in Bildern.

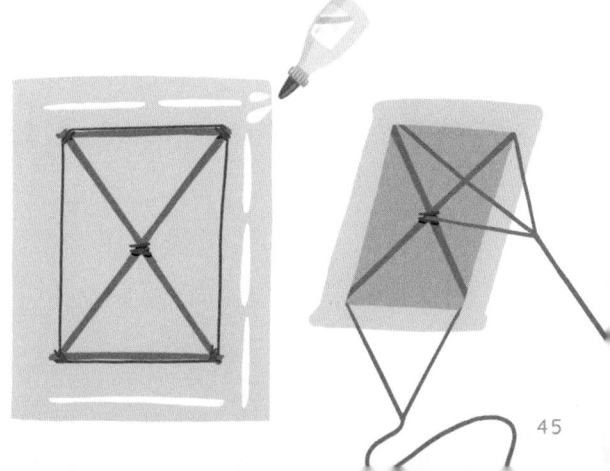

45

Zu Hause
wohnt das Glück

Wenn es draußen kalt und ungemütlich wird, sind wir dankbar für ein warmes Nest – unser Zuhause. Ob das die kleine, etwas heruntergekommene Studentenbude ist, das funktionale 1- bis 2-Zimmer-Apartment, die Familienwohnung oder Omas Haus – überall können wir es uns schön kuschelig machen und hyggelige, gemütliche Akzente setzen.
Dicke Wollsocken, Hüttenschuhe und gefilzte Puschen erwachen aus ihrem Sommerschlaf, Wolldecken und Kerzen kommen wieder zum Vorschein …

Süße Momente genießen
Heiße Trinkschokolade

DAS IST DRIN:
Zutaten für etwa 1 Thermoskanne:

- ½ l Milch
- 200 g geraspelte dunkle Schokolade
- 1 EL dunkler Kakao
- 1–2 EL Rohrohrzucker (gibt dem Ganzen eine leichte Karamell-Note)
- 1 Becher Schlagsahne
- ½ TL Zimt (nach Belieben)
- Anissterne zum Anrichten

SO GEHT'S:

Milch langsam erwärmen, die geraspelte Schokolade und Kakaopulver hinzugeben und unter Rühren auflösen lassen. Mit Zucker süßen, anschließend die Sahne unterrühren und nach Belieben mit Zimt verfeinern. In Becher abfüllen, mit Sternanis verzieren und heiß genießen.

TIPP: Wenn du eine dickflüssige Trinkschokolade genießen willst, dann gib zusammen mit der Schokolade noch 10 g Weizen-, Reis- oder Maisstärke der Milch hinzu.

Wenn Raum im Herzen ist,
ist auch Raum im Haus.

WEISHEIT AUS DÄNEMARK

Hyggelige Weihnachten!

Das Schönste an Weihnachten ist das Miteinander. Wir feiern das Beisammensein, genießen Selbstgemachtes, lachen, fühlen uns geborgen und glücklich. Gern möchten wir unseren Lieben dann Danke sagen und eine kleine Aufmerksamkeit schenken; ein bisschen von dem zurückgeben, was sie uns täglich Gutes tun.

Hier eine kleine Anregung: In Dänemark haben die *Julehjerte,* kleine, geflochtene Weihnachtsherzen aus Glanzpapier, Tradition. Das erste von ihnen, heißt es, wurde vor mehr als 150 Jahren von einem der bekanntesten Dichter und Schriftsteller Dänemarks, Hans Christian Andersen, selbst geflochten. Die *Julehjerte* werden an den Weihnachtsbaum gehängt und können mit Süßigkeiten befüllt werden. Wir können unseren Lieben zusätzlich einen ganz persönlichen Weihnachtsbrief hineinstecken.

Du brauchst einige Bögen Glanz- oder Tonpapier und ein wenig Geduld. Mit etwas Übung lassen sich hübsche Kunstwerke basteln.

SO GEHT'S:
Folge einfach der Anleitung in Bildern.

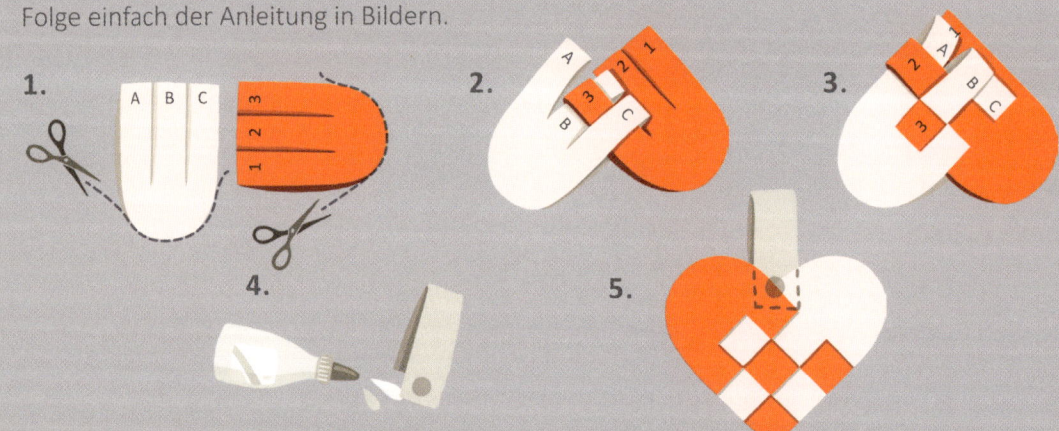

NORWEGEN

Velkommen!

NORWEGEN	**FLÄCHE**
konstitutionelle Monarchie mit parlamentarischer Regierungsform, unabhängig seit 13.08.1905 *(von Schweden)*	323 802 km²
	EIGENBEZEICHNUNG
	Norge
KÖNIG	**HAUPTSTADT**
Harald V. (vorwiegend repräsentative und konstitutionelle Aufgaben)	Oslo
	EINWOHNER
WÄHRUNG	gesamt 5 233 000; pro km² 16,16
Norwegische Krone	

LAND & LEUTE:

Mit über 80 000 km ist Norwegens Küstenlinie die zweitlängste der Welt – gleich hinter Kanada. Über 150 000 Inseln gehören zum Land der Fjorde und 22 700 Brücken.

Die Elektrizität wird aus bis zu 99 % Wasserkraft gewonnen.

Norweger sind Bücherwürmer, sie lesen mehr als andere Nationen.

Die Liebesgeschichte von König Harald und Königin Sonja klingt wie ein modernes Märchen: Haralds Vater ist gegen die Verbindung seines Sohnes mit einer Bürgerlichen. Er lenkt erst ein, als König Harald droht, für immer Junggeselle zu bleiben – und neun Jahre lang stur bleibt. Mittlerweile haben König Harald und Königin Sonja sechs Enkel.

Norwegen ist das erfolgreichste Land bei den Olympischen Winterspielen.

Die Norweger haben das Skifahren erfunden und lieben ihre Berge.

Mehr als 75 % aller Norweger sind davon überzeugt, dass die allermeisten Menschen vertrauenswürdig sind.

Glücksmomente AUS NORWEGEN

Das Glück liegt in den kleinen Dingen –

UND MANCHMAL AUCH IN GRÖSSEREN …

Seit der ersten Veröffentlichung des *World Happiness Reports* im Jahr 2012 findet sich Norwegen immer unter den Top Five des Rankings. 2017 standen die Norweger ganz an der Spitze und gelten damit momentan als das glücklichste Volk der Welt. Sie lehren uns zumindest schon mal eines – Frost, Schnee und Eis können dem Glück so leicht nichts anhaben! Es braucht kein in der Sonne schmelzendes Gelato in der Hand und Flip-Flops an den Füßen zum Glücklichsein.

Was macht die Norweger also glücklich? Fragt man sie selbst danach, so sind es zuallermeist die kleinen Dinge, die das Leben so lebenswert machen: Man freut sich über den Frühling, über die Versöhnung mit dem Partner, ist glücklich, Zeit mit seinen Kindern verbringen zu können, genießt die Natur …

Was zwischen den Zeilen zu lesen ist: Die meisten Norweger haben keine großen Sorgen. Das Land ist wohlhabend, reich an Ressourcen und bietet einen hohen Lebensstandard. Das Wohlfahrtssystem ist gut ausgebaut. Die Arbeitslosenquote ist niedrig, das Einkommen hoch, die Einkommensunterschiede dagegen gering. Das Vertrauen in die Zukunft und ineinander ist groß.

Die wichtigsten Glücks-Faktoren laut dem Expertenteam, das hinter dem *World Happiness Report* steht, sind Fürsorge, Freiheit, Großzügigkeit, Ehrlichkeit, Gesundheit, Einkommen und eine gute Regierungsführung.

Lesen macht glücklich

Die Norweger schmökern unheimlich gerne. Aus purer Lust und
Freude. Im Schnitt lesen sie mehr als ihre europäischen Nachbarn. Bekanntlich bildet Lesen. Es unterstützt abstraktes Denken,
fördert die Vorstellungskraft und schärft unsere Aufmerksamkeit
– aber vor allen Dingen macht es Spaß! Und glücklich obendrein,
wie wissenschaftliche Studien bestätigen. Forscher an der Uni-
versität Pittsburgh fanden heraus, dass Lesen vor Depressionen
schützt. Offenbar besitzen die Erzählwelten, in die wir eintauchen, nicht nur einen Unterhaltungswert, sondern auch eine
heilsame Wirkung. Durch die Geschehnisse, die wir als Leser gemeinsam mit unseren Lieblingsprotagonisten erleben, fühlen wir
uns stark mit der Welt verbunden. Und ein bisschen etwas von
ihnen färbt immer auch auf uns ab – so werden wir manches Mal
zu kleinen Zauberern, großen Magiern, mutigen Spionen, sanften
Pferdeflüsterern, forschen Weltentdeckern, beherzten Indianern,
verwegenen Piraten, unsterblich Verliebten oder verschworenen
Freunden.

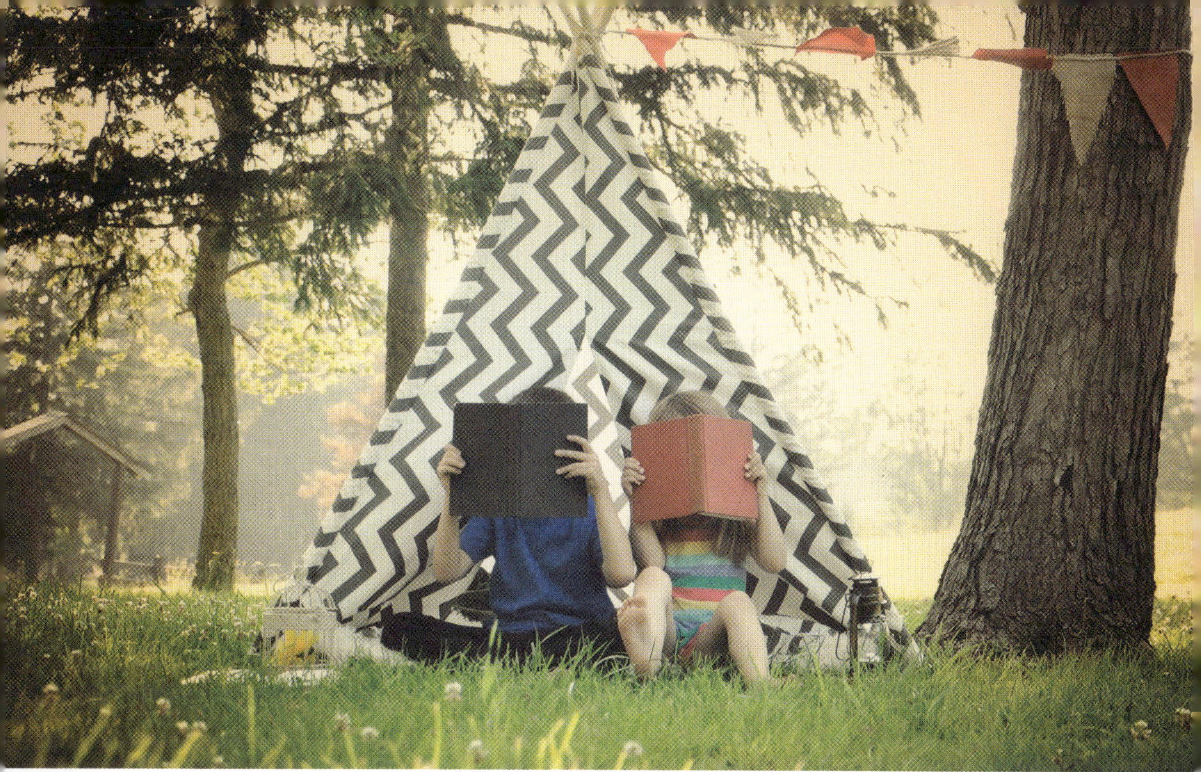

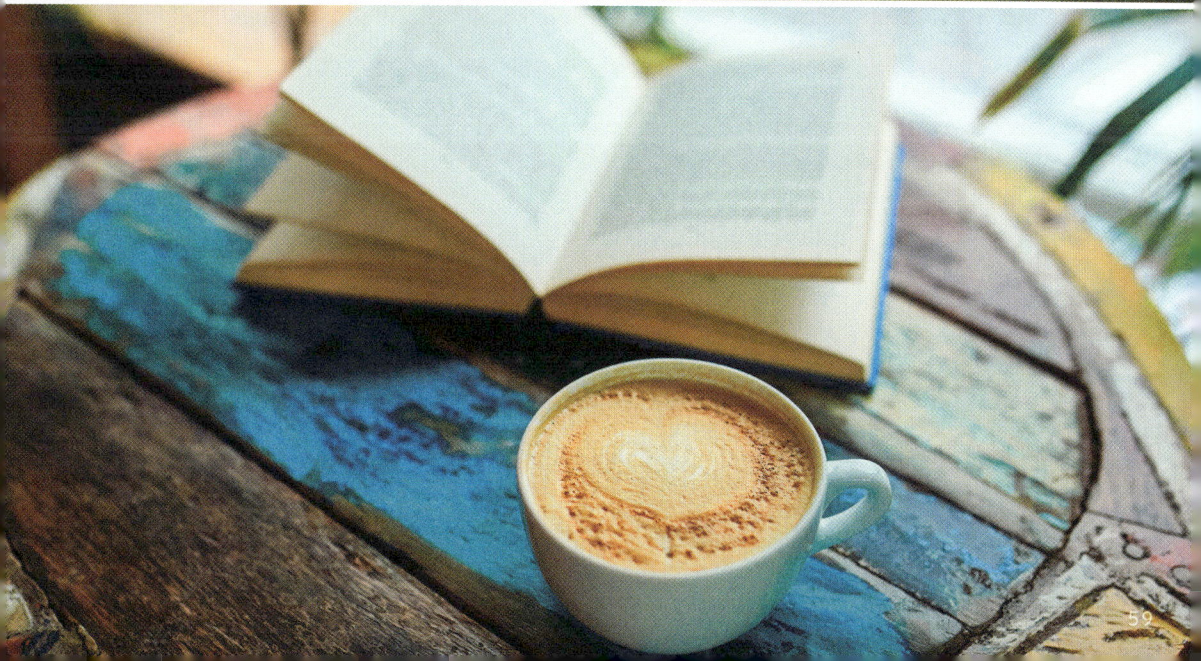

Das Gras ist dort grün,
wo man ist, wenn man nur
daran denkt, es zu genießen.

WEISHEIT AUS NORWEGEN

Einer für alle, alle für einen

Entlang Norwegens Küstenlinie wechseln sich steile Klippen, weiche Sandstrände, sanfte Hügel, Dünen und Schären ab. Kleine rote Holzhäuser trotzen gut gelaunt dem Wind. Es duftet nach Salz und Meer. In den Wogen liegen vereinzelte Fischerboote, hoch oben, gegen das Blau des Himmels, ziehen weiße Möwen ihre Kreise. Über 150 000 Inseln gibt es an der Küste, das ist europäischer Rekord. Dennoch gilt gerade hier: Kein Mensch ist eine Insel. Die Norweger sind sehr freundlich und bekannt dafür, einander eifrig zu helfen und aufeinander gut achtzugeben. Schließlich kommen nur 16,16 Einwohner auf einen Quadratkilometer. Da tut es gut, sich zu vernetzen und an einem Strang zu ziehen, sich auf den Nachbarn verlassen zu können. Jeder trägt nicht nur zu seinem eigenen Glück, sondern auch zum Glück der anderen bei. Vielleicht können wir uns von der Hilfsbereitschaft der Norweger eine Scheibe abschneiden, denn wer anderen hilft, tut damit auch immer sich selbst etwas Gutes: Ein enges, verlässliches Netz aus sozialen Kontakten ist eine der wichtigsten Grundlagen für ein glückliches Leben. Und das Gefühl, jemand anderem etwas Gutes getan zu haben, ist einfach schön!

Happy Food

Essen, das schmeckt und glücklich macht! Nahrungsmittel, die viel Omega-3-Fettsäuren enthalten, helfen dabei, Stress abzubauen und zufriedener zu sein. Sie bringen unsere Glückshormone so richtig in Schwung: Fische wie Lachs, Hering und Kabeljau, ölreiche Saaten und Nüsse, zum Bespiel Leinsamen und Walnüsse (auch als Öle).

GOD APPETITT!

Fiskesuppe mit Lachs

HIER STECKT JEDE MENGE GUTES DRIN

DAS KOMMT REIN:

- 1 Zwiebel
- 2 Karotten
- 2 Kartoffeln
- ¼ Knollensellerie
- 1 Stangensellerie
- 1 l Fischbrühe
- 300 g Lachs

- Saft einer halben Zitrone
- 125 g Sauerrahm
- 125 g Schlagsahne
- 2 Eigelb
- Salz & Pfeffer
- Petersilie (zum Anrichten)

SO GEHT'S:

Zwiebel hacken und in Butter glasig dünsten. Karotten, Kartoffeln und Sellerie fein würfeln und zugeben.

Brühe aufgießen und circa 15 Minuten kochen lassen. Den Lachs mit Zitronensaft beträufeln, salzen, in Stücke schneiden und zu dem Gemüse in die Fischbrühe geben.

Weitere 10 Minuten bei geringer Temperatur ziehen lassen. Sauerrahm, Sahne und Eigelb mit einer halben Tasse Brühe verquirlen und in die Suppe geben. Diese soll nun nicht mehr kochen.

Mit Pfeffer und Salz abschmecken und mit gehackter Petersilie garnieren.

Von Glücks-Kicks und Überraschungen

ABWECHSLUNG MACHT GLÜCKLICH

Schäumende Meereswogen, lange Sandstrände, geschwungene Dünen, sanfte Ebenen, majestätische Berge und raue Felsen im Landesinneren. Von feengleich geheimnisvoll bis wild, ursprünglich und schroff ist hier in Norwegen alles geboten. Nicht nur die Natur tobt sich aus, auch wir sind herzlich eingeladen, neue Erfahrungen zu machen und uns aus unserer Komfortzone herauszubewegen. Darin liegt nämlich eine Quelle von Hochgefühlen und Glücks-Kicks im Alltag, zeigen aktuelle Studien. Ob das der Hochseilgarten, Sushi-Essen, die neue Arbeitsstelle, eine Reise oder eine neue Bekanntschaft ist – das Schlüsselelement ist stets das Neue, die Überraschung. Von allem ein bisschen und schön bunt darf es sein.

Die wirkliche Entdeckungsreise
strebt nicht nach neuem Land,
sondern danach, Dinge
mit neuen Augen zu sehen.

WEISHEIT AUS NORWEGEN

Glücklich ist,
wer sich draußen bewegt

Nichts wie raus an die frische Luft, um sich an der Schönheit der Natur zu erfreuen und nebenbei die Endorphine auf Touren zu bringen. Während wir uns nämlich schweißtreibend auspowern, feiern die Glückshormone ein Fest. Wärmt noch dazu die Sonne von oben, dann ist das Freudenpaket perfekt. Das sagen sich zumindest viele Norweger, die laut Statistik mit zu den bewegungsfreudigsten Menschen Europas zählen. Im Sommer wird munter gewandert, Rad gefahren oder Kanu gepaddelt. Und auch in der kalten Jahreszeit wird in Norwegen, das als Wiege des Skisports gilt, fröhlich weitergepowert und geschwitzt. Letzteres dann gerne auch mal in der Sauna ...

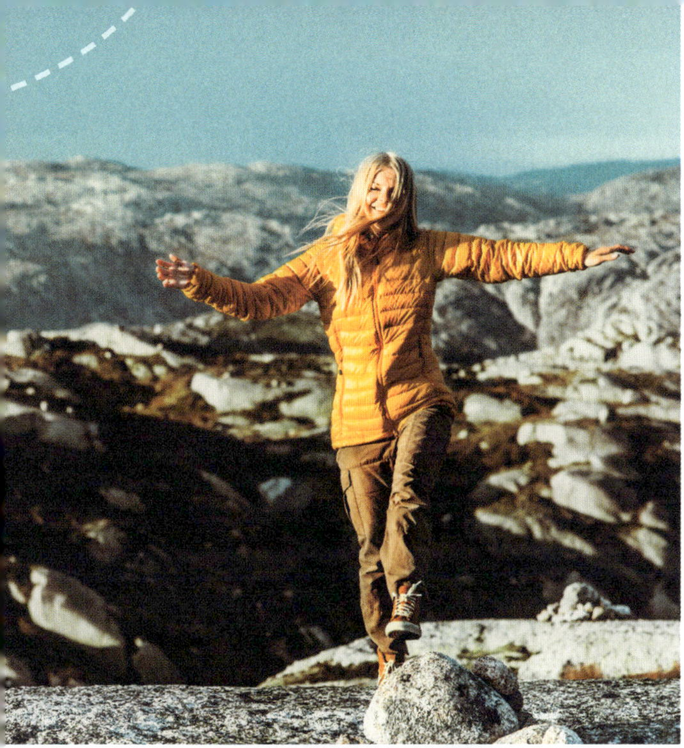
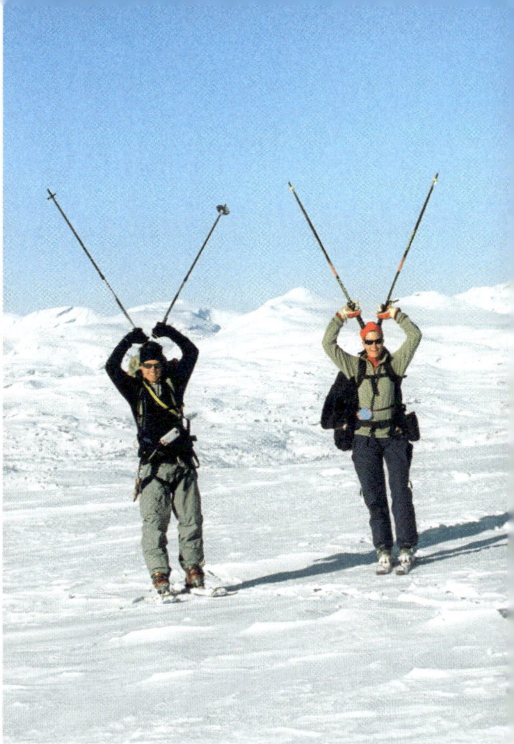
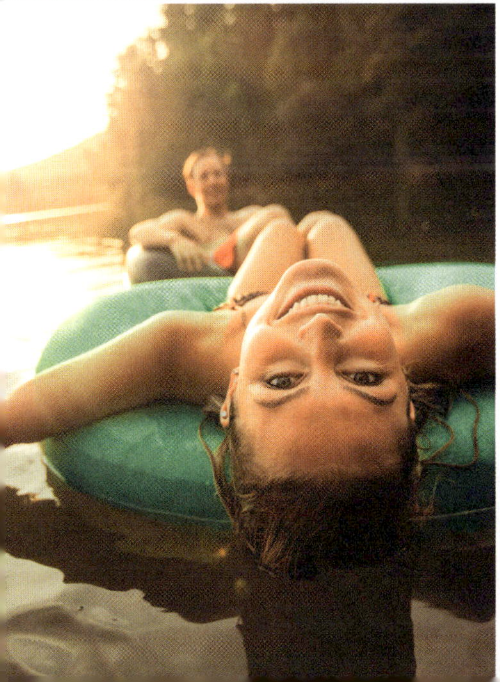
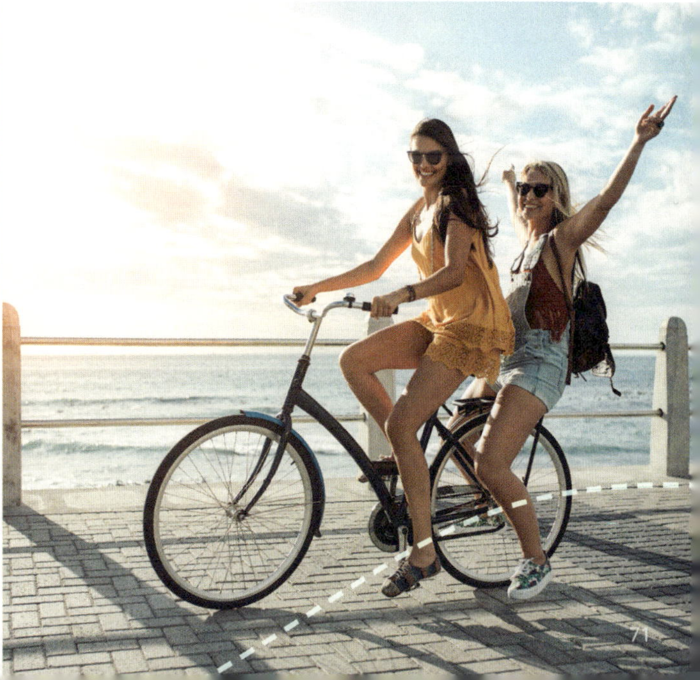

DAS GLÜCK IST (MANCHMAL) EINE SCHEIBE

Wir finden, Pfannkuchen gehen immer! Ob süß oder herzhaft, klassisch platt wie eine Scheibe oder zur „Glücksrolle" gewickelt als Wrap für unterwegs – eigene Studien belegen: Pfannkuchen machen rundum glücklich.

Svele –
süße norwegische Pfannkuchen

DAS IST DRIN:

Zutaten für 4 Süßschnäbel:

- 4 Eier
- 180 g Puderzucker
- 1 Päckchen Vanillezucker
- 6 dl Buttermilch
- 480 g Mehl
- 2 TL Backpulver
- 100 g Butter

SO GEHT'S:

Eier, Puderzucker und Vanillezucker schaumig rühren.

Buttermilch zugeben und gut vermischen.

Mehl und Backpulver vermengen, nach und nach zugeben und zu einem glatten Teig verrühren.

Butter schmelzen und in die Masse rühren.

Svele in der Pfanne auf beiden Seiten goldgelb backen.

Zum Beispiel mit Eis und Beeren servieren.

God appetitt!

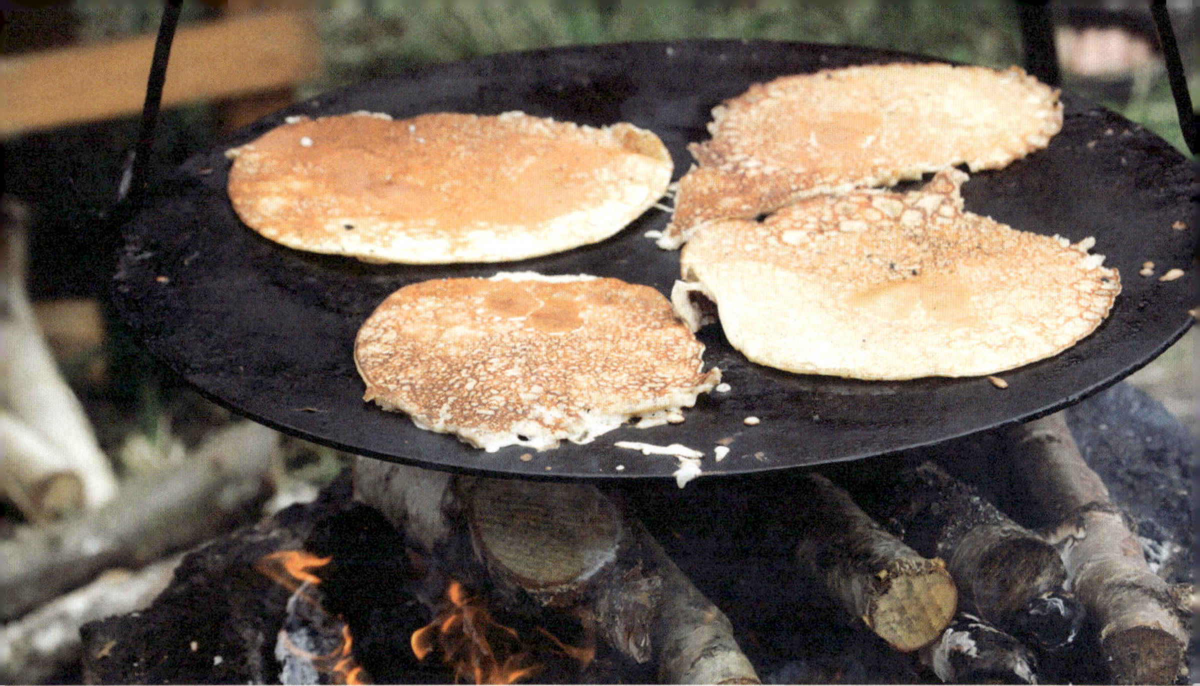

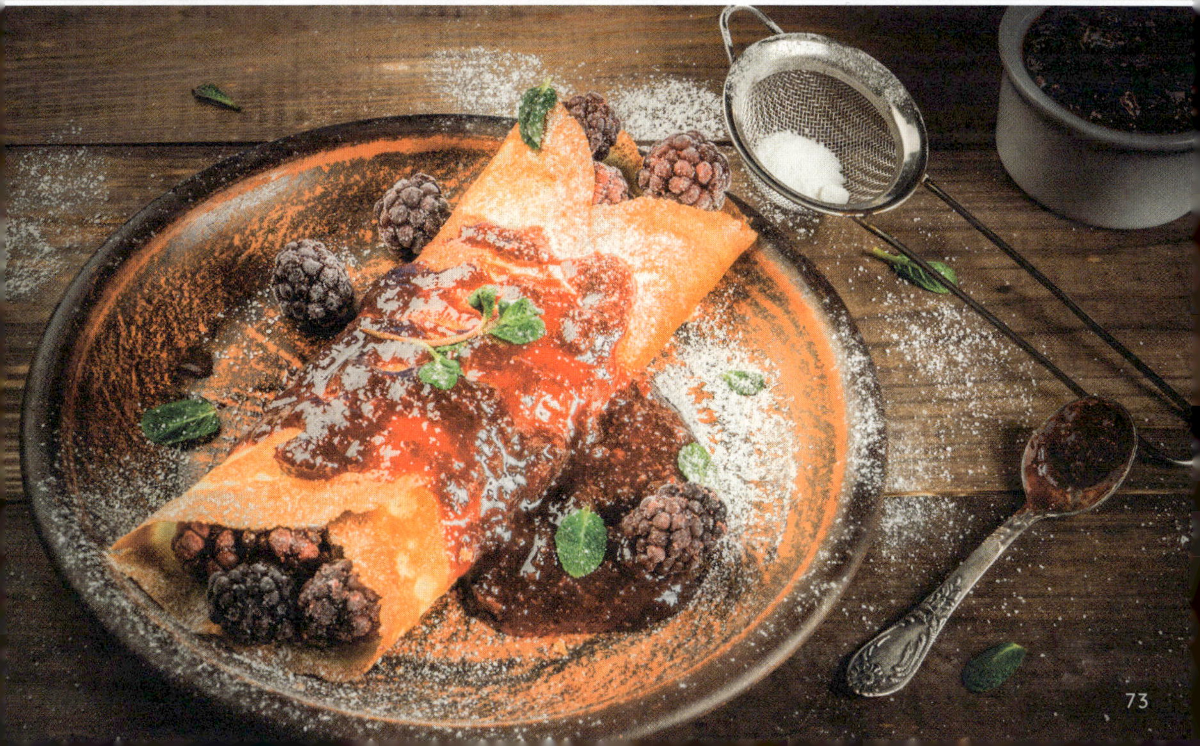

Das Glück kommt zu denen, die lachen ...

... lautet ein Sprichwort. Und es stimmt: Das Leben ist schön, wenn man die heiteren, positiven Seiten im Blick behält.

Eine Prise Humor auf den Alltag gestreut, und er schmeckt uns gleich viel besser. Wenn auch der Humor von Land zu Land unterschiedlich ist, Lachen ist international. Hierzulande lacht man gerne auch mal über einen von unzähligen Schwedenwitzen. Die Schweden wiederum lachen oft über dieselben Witze, nur dass dann die Norweger die Zielscheibe des Spotts sind. In der Regel sind das kleine, liebevolle Frotzeleien unter „Brüdern".

Die Norweger besitzen Witz und Charme und können durchaus über sich selbst lachen. Und wer über eigene Fehler lachen und Ärger und Verdruss in Humor umwandeln kann, der wirkt nicht nur sympathisch, sondern tut sich auch Gutes. Denn Lachen stärkt das Immunsystem und verringert Stress. Mediziner und Psychologen sehen darin einen gesunden „Jungbrunnen".

Die schönste Blume der Welt ist das Lächeln.

HENRIK WERGELAND
(1808—1845, NORWEGISCHER DICHTER)

75

Probier etwas Neues aus!

Die eine oder andere Nacht hast du im Laufe deines Lebens sicher schon einmal unter freiem Himmel verbracht. Aber im Iglu? Mitten im Winter? Vielleicht traust du dich, es einmal auszuprobieren?

Pack dich warm ein, besorge dir eine Isoliermatte, eine Taschenlampe und einen Schlafsack, der für ausreichend Minustemperaturen geeignet ist. Am besten, du schnappst dir auch deinen Partner oder ein paar Freunde für diese Unternehmung. Gemeinsam wärmt es sich am schönsten.

Damit der Iglu fest und sicher steht, gibt es ein paar grundlegende Dinge zu beachten. Folge dafür einfach der Bildanleitung.

SO GEHT'S:

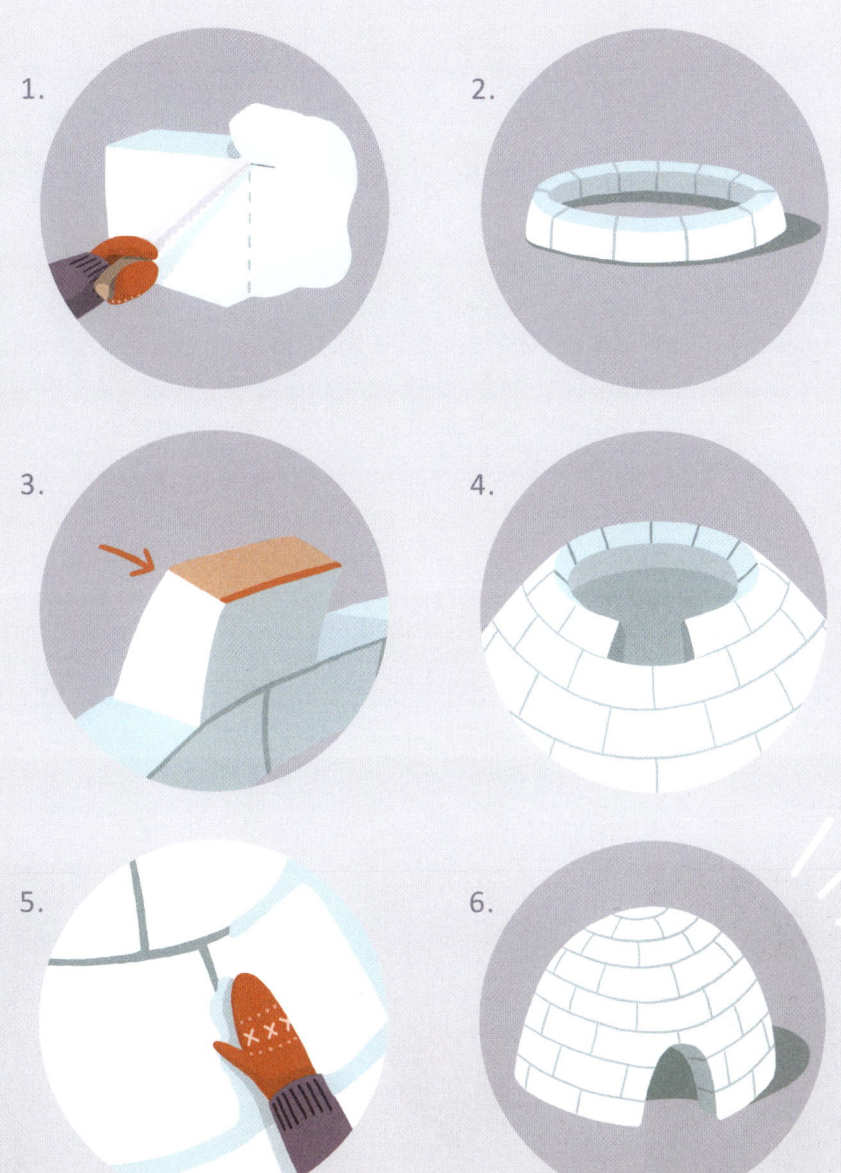

1.

2.

3.

4.

5.

6.

Mut zur Masche! –
Stricken macht glücklich

Immer mehr Menschen entdecken, wie lauschig und entspannend es ist, mit zwei Nadeln ein wärmendes Lieblingsteil zu stricken. Die alte Nadelkunst erlebt ein wahres Revival. Kein Wunder, Handarbeiten wirkt nicht nur meditativ, sondern macht uns auch deshalb glücklich, weil die wollig-weiche Arbeit der eigenen Hände auf so wunderschöne Weise sichtbar wird.

Strickmuster gibt es viele, doch besonders hübsch sind Norweger-Muster. Was auf den ersten Blick kompliziert aussieht, ist für geübte Stricker leicht zu schaffen. Im Handumdrehen entstehen Sterne und Elche, die aus dem Land der Fjorde grüßen.

Wer erst damit beginnen will – Mut zur Masche! Vielleicht kennst du jemanden in deinem Bekanntenkreis, der dich „an die Hand nimmt" und in das ABC des Strickens einführt. Ansonsten werden vielerorts Workshops angeboten, aber es gibt auch zahlreiche Stricktreffen und -gruppen, die jedem offen stehen.

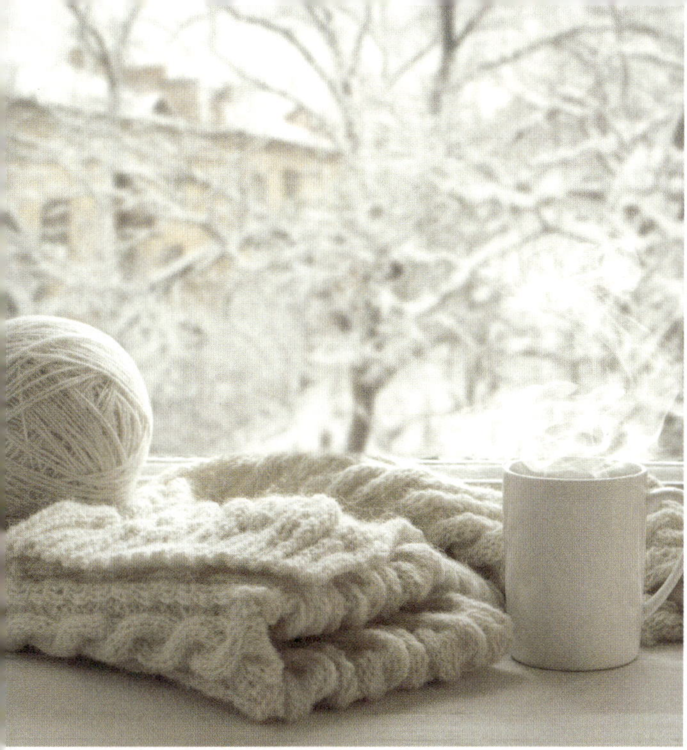

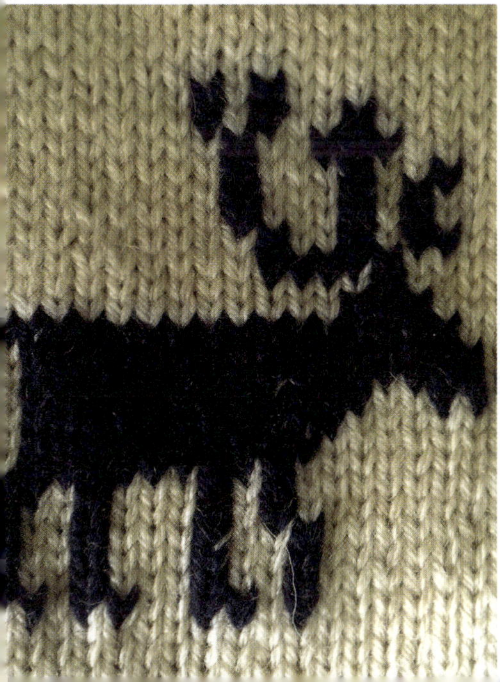
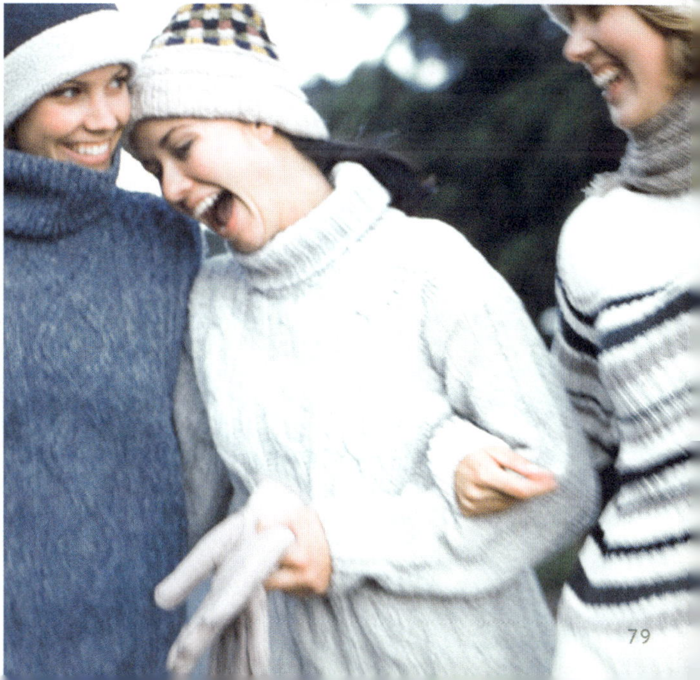

Warm ums Herz

Kaum etwas Süßes ist in Norwegen so beliebt wie Waffeln – natürlich in Herzchenform! Auch an trüb-kalten Tagen spenden sie *Hjertevarme* – Herzenswärme – und schmecken einfach lecker.

Norwegische Vafler & Rømme mit Preiselbeeren

DAS IST DRIN:
Zutaten für 8 Waffeln zum Dahinschmelzen:

- 3 Eier
- 125 g Puderzucker
- 1 Päckchen Vanillezucker
- 125 g weiche Butter
- 250 g Mehl
- 1 TL Backpulver
- 1 Prise Salz
- 250 ml Milch
- Norwegische *Rømme* oder alternativ Crème fraîche
- Preiselbeeren und Preiselbeer- marmelade nach Belieben

SO GEHT'S:

Eier, Puderzucker, Vanillezucker und weiche Butter auf höchster Stufe schaumig schlagen. Wer Geduld aufbringt, wird mit einem zart fluffigen Teig belohnt.

Mehl, Backpulver, Salz und Milch sorgfältig einrühren.

Waffeleisen vorheizen und dünn mit Öl bestreichen. Portionsweise den Teig auf die heiße Platte gießen und knusperzarte Waffeln backen.

Etwas *Rømme* oder Crème fraîche mit Marmelade verrühren und nach Belieben mit Preiselbeeren garnieren; je ein Häubchen auf die warmen Waffeln geben und servieren.

Das Glück erkennt man
nicht mit dem Kopf, sondern
mit dem Herzen.

Warmender Wintertee „Wanda"
GEWÜRZ-SCHWARZTEEMISCHUNG

Wanda ist die gute Seele im Haus, wenn es draußen klirrend kalt wird. Zimt und Ingwer wärmen von innen, ihre Schwarztee- und Orangen-Komposition macht wach und fröhlich. In der Lieblingstasse abgefüllt und in aller Ruhe genossen, sorgt Wanda für Entspannung und neue Energie.

TIPP: Wanda lässt sich übrigens auch gut verschenken. Zum Beispiel in einem überdimensionalen Teebeutel aus bedrucktem Packpapier gefaltet und mit einem hübschen Geschenkanhänger versehen oder in einem dekorativen To-go-Becher.

Eine leise Minute ist eine lange Minute.

DAS IST DRIN:
Zutaten für etwa 60 g:

- 🔥 1 Orange (unbehandelt)
- 🔥 1 Zimtstange
- 🔥 1 Sternanis
- 🔥 1 Kardamomkapsel, grün (nach Belieben)
- 🔥 1–2 EL Ingwer (getrocknet)
- 🔥 50 g Assamtee
- 🔥 1 EL Earl Grey

SO GEHT'S:
Zubereitungszeit etwa 1 ½ Stunden (inkl. Backzeit)

1. Den Backofen auf 100 Grad (Umluft) vorheizen. Ein Backblech mit Backpapier auslegen. Die Orange gut waschen und trocknen. Mit einem Sparschäler dünne Streifen abschälen und auf das Blech legen. Etwa 1 ½ Stunden im Ofen langsam trocknen lassen.

2. Orangenschalen, Zimt, Sternanis und Kardamom (nach Belieben) mit einem Mörser grob zerkleinern, den Ingwer klein hacken.

3. Alle Zutaten zusammenführen und gut mischen. Anschließend luftdicht und trocken verpacken. Wanda entfaltet ihr Aroma am besten, wenn du sie mindestens 24 Stunden durchziehen lässt.

4. Fertig zum Aufbrühen! Ziehzeit: ca. 3–5 Minuten, 100 Grad. (Wer es mag, kann Wanda auch noch etwas Milch hinzufügen.)

5. Lass dir den Tee schmecken!

Sternstunden

Manchmal muss man einfach nur nach oben gucken, um glücklich zu sein. Besonders schön ist das in Norwegen, wo die Nordlichter gewaltige Bildformationen in den Nachthimmel malen. Diesem Naturschauspiel kann man besonders gut in der dunklen Jahreszeit beiwohnen. Weil Glück ein Recht für alle ist, gibt es die eindrucksvolle Freiluftvorstellung ganz umsonst. Auch bei uns kann eine sternenklare Nacht zum großen Kino werden. Man muss sich nur gemütlich auf den Rücken legen und auf die ersten Leuchtgrüße warten.

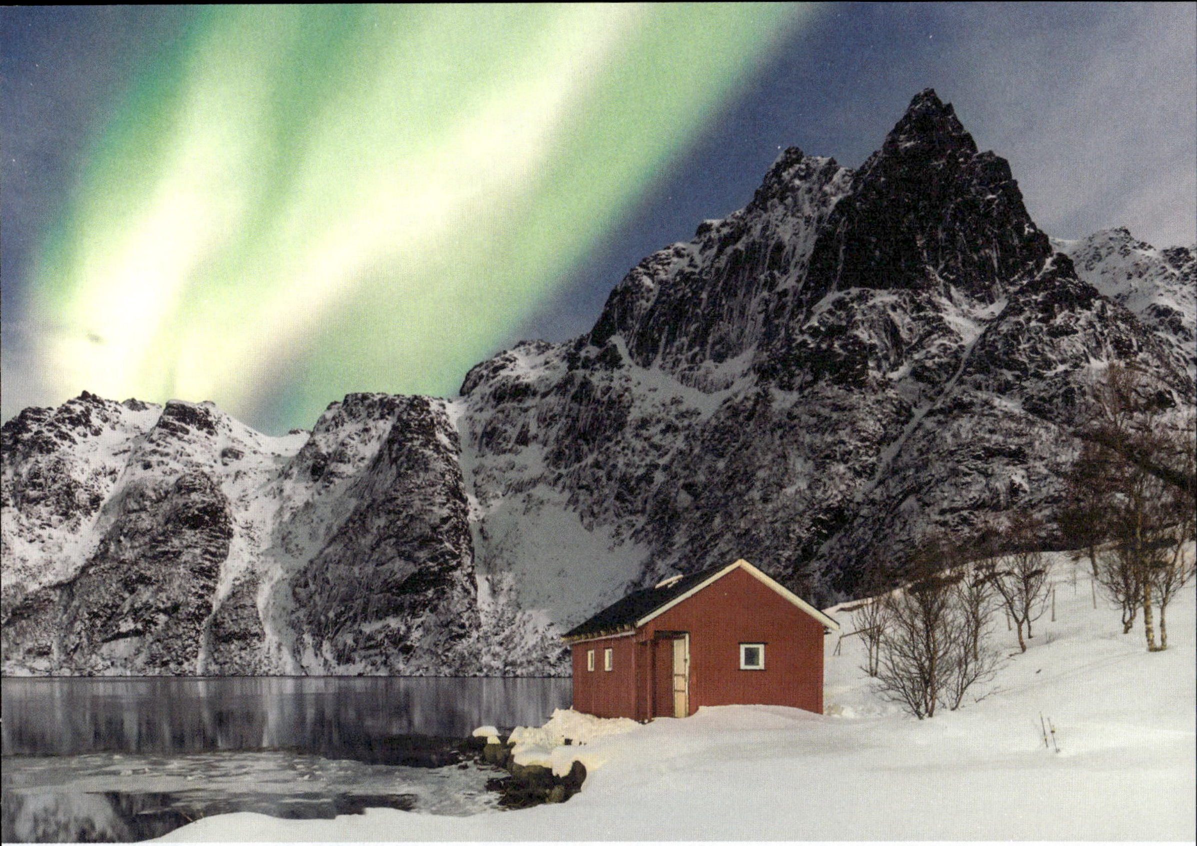

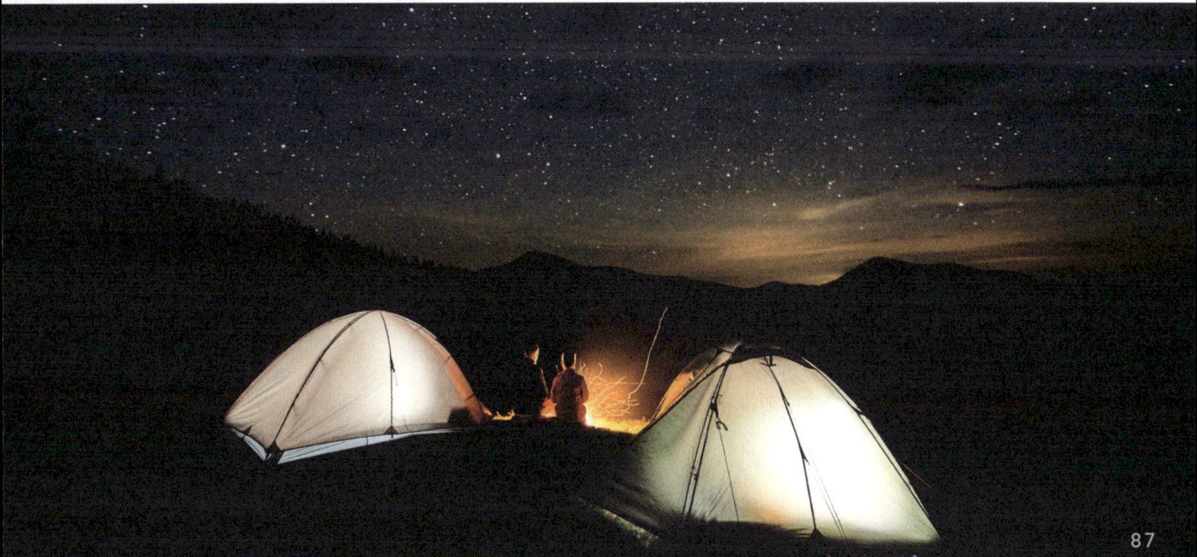

Nordlicht

Man sieht sie nur an klaren Nächten:
des Nordens mystisch schöne Pracht.
Als käme sie von guten Mächten,
verwandelt sie die Sternennacht.

Es ist so wie ein Zauberglühen,
ein frohes Spiel von Lichterwesen,
die zeigen wollen, was sie können.
Die Menschen schlicht dies „Nordlicht" nennen.

Es malen bunte Himmelselfen
auf eine dunkle Leinwand Farben,
die lautlos wogen, tanzen, schwingen
und Menschen in Entzückung bringen.

Ich glaube, es sind Liebesengel,
die schwebend ihre Künste zeigen
und schweigend ihre Lieder singen,
den Menschen eine Botschaft bringen.

WILLI GRIGOR

Von Zauber und Tradition – oder: Trolle bringen Glück

Norwegen ist das Land der Trolle (von *trylle*, zaubern). Es gibt riesengroße und zwergenhaft kleine. Meist sind sie steinalt und bringen der Legende nach Glück und Reichtum in dein Haus – aber nur, wenn du sie mit kleinen Gaben, wie einer Schale Haferbrei, milde stimmst. Vor allem die *Julenissen* zu Weihnachten wollen umsorgt sein, sonst treiben sie allerlei Späße und Streiche im Haus.

Heutzutage glaubt natürlich kein Norweger mehr an die alten Sagen, auch wenn man sie hierzulande immer wieder gerne hört und Tradition gepflegt wird. Wenn allerdings die Dämmerung hereinbricht, die Schatten länger werden, die eisschweren Äste im Wind ganz leise stöhnen, der Schnee unter den Füßen verräterisch knirscht, dann würde niemand, der jetzt unterwegs ist, es wagen, einen Witz über diese Geschöpfe zu machen. Denn so ganz sicher kann man sich schließlich auch nicht sein …

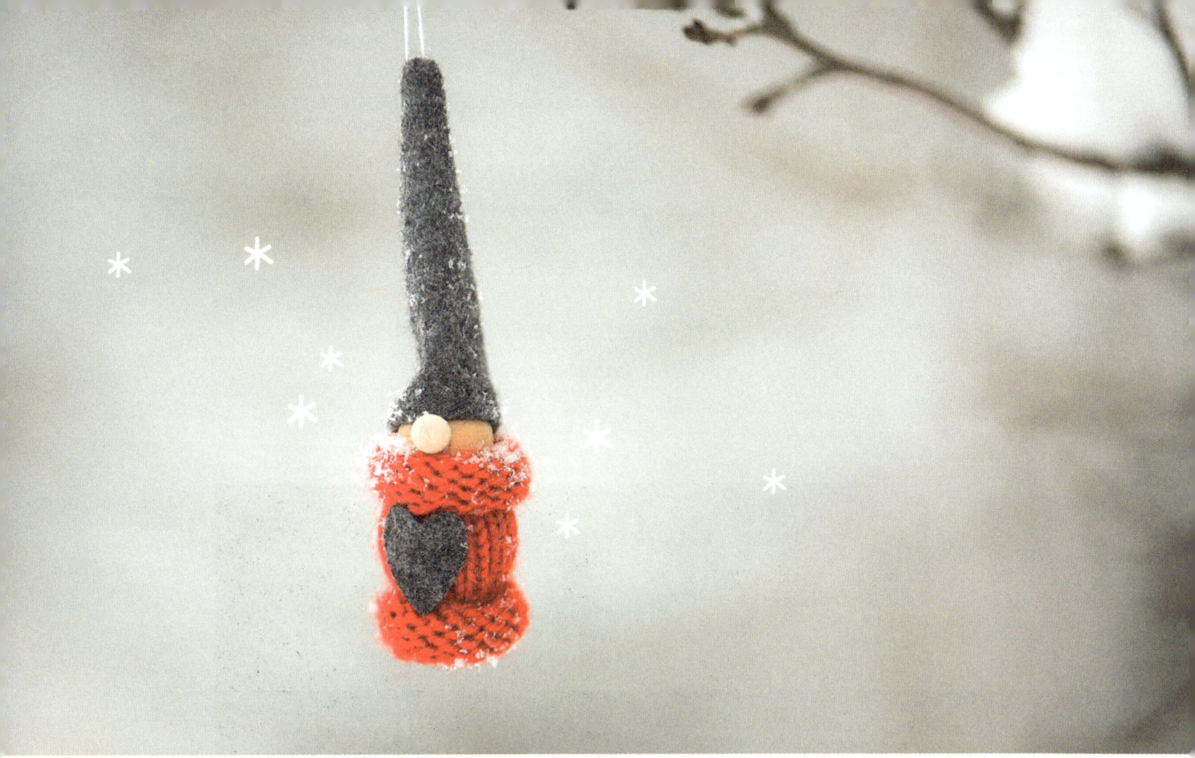

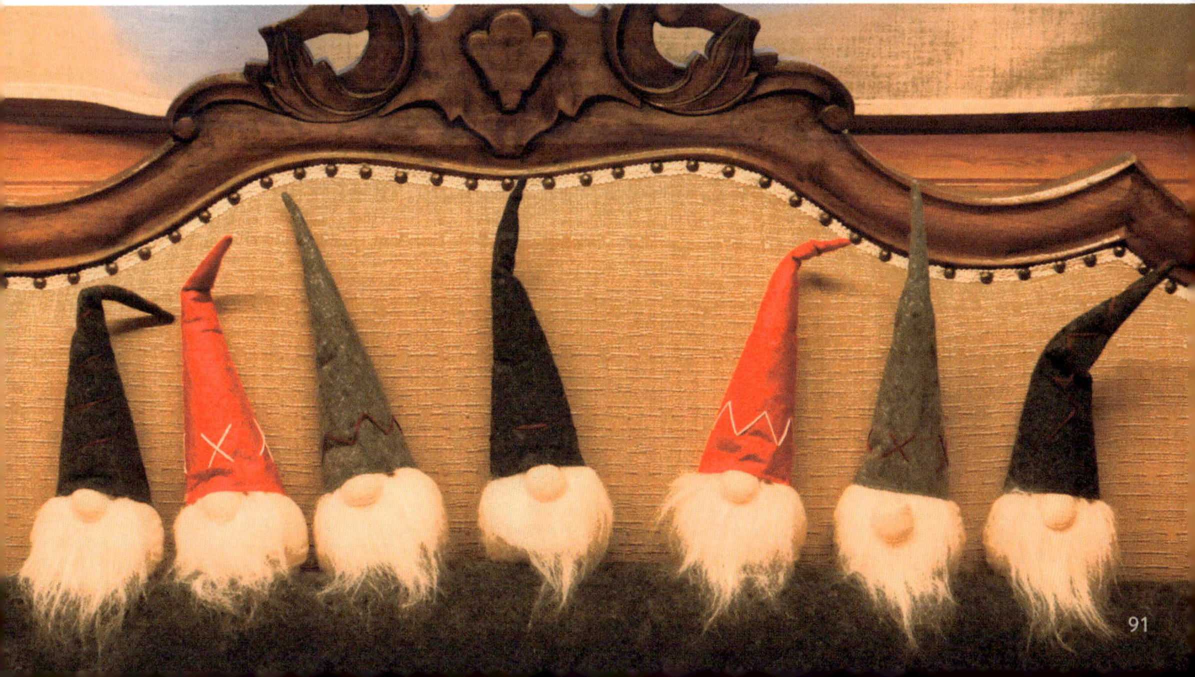

Vorfreude ist die schönste Freude...

Viel Spaß bei deinen Vorbereitungen für das Weihnachtsfest. Hier noch zwei Anregungen, die im Handumdrehen umzusetzen und ein toller Hingucker sind:

INDIVIDUELLE PÄCKCHEN SCHNÜREN

Es muss nicht immer Geschenkpapier sein: Aus gewöhnlichem Packpapier, das man meist ohnehin im Haus findet, kleinen Dingen, die man übrig hat, und etwas Fantasie lassen sich hübsche Verpackungswunder zaubern. Lass deiner Kreativität freien Lauf.

Troll-Schühchen zum Befüllen

Warum nicht einmal eine ausgefalle-
ne, ganz besondere Tisch-Deko? Aus
herkömmlichen Servietten lassen sich
lustige Troll-Schühchen falten, die du

nach Herzenslust für deine Gäste be-
füllen kannst – mit Süßigkeiten, kleinen
Aufmerksamkeiten oder persönlichen
Botschaften ...

Jul i Norge

(WEIHNACHTEN IN NORWEGEN) — EIN FEST FÜR ALLE!

Jul ist eines der schönsten Feste des Jahres und wird in Norwegen ausgiebig gefeiert.

Weihnachtsmärkte erleuchten die schneebedeckten Marktplätze und locken mit köstlichen Düften, auf den *Julebord*-Veranstaltungen – den ausgiebigen Betriebs-Weihnachtsfeiern –

geht es ausgelassen und fröhlich zu, an Heiligabend wird gemeinsam um den Tannenbaum getanzt. Zur Stärkung gibt es selbst gemachten *Julekake* (Weihnachtskuchen) und spezielles *Juleøl* (Weihnachsbier).

Aber nicht nur das eigene Wohl wird bedacht, sondern auch das der Allerkleinsten: Für die Vögel wird ein *Julenek*, ein Bund Hafer, am Zaun angebracht, die Tiere auf dem Hof und der Umgebung erhalten ganz besonderes Futter.

Dieser Gedanke ist ein sehr schöner, den wir öfter in den Alltag hineintragen könnten. Schließlich geht es an Weihnachten nicht um den Einzelnen, sondern um die Gemeinschaft. Darum, dass wir alle teilhaben sollen an der Freude, die dieser Feiertag verspricht und die in den Weihnachtstagen allerorts zu spüren ist. „Ich will Weihnachten in meinem Herzen tragen und versuchen, es das ganze Jahr zu bewahren", lautet ein Zitat von Charles Dickens. Wollen wir es ihm gleichtun und unseren Teil dazu beitragen, dass diese Welt voller Liebe, Menschlichkeit und Frieden ist und jeder sein Glück in ihr findet. *God Jul!*

SCHWEDEN

Välkommen!

SCHWEDEN
konstitutionelle Monarchie,
parlamentarische Demokratie

KÖNIG
Carl XVI. Gustaf
(repräsentative Aufgaben)

WÄHRUNG
Schwedische Krone

FLÄCHE
450 295 km²

EIGENBEZEICHNUNG
Sverige

HAUPTSTADT
Stockholm

EINWOHNER
gesamt 9 903 000;
pro km² 21,99

LAND & LEUTE:

Schweden ist nach der Ukraine, Frankreich und Spanien das viertgrößte Land Europas.

Etwa die Hälfte der Fläche ist bewaldet. Es gibt über 80 000 Seen und mehrere Zehntausend Inseln.

Das beliebteste „Souvenir" aus Schweden ist ein Straßenschild, das vor querenden Elchen warnt – jährlich werden Dutzende gestohlen.

Schätzungen zufolge gibt es zwischen 300 000 und 400 000 Elche in Schweden.

Seit 2004 können die schwedischen Bürger ihre Steuererklärung per SMS abwickeln.

Im Sommer, vorzugsweise im Juli, bleiben viele Restaurants und Geschäfte für einen Monat lang geschlossen. Da zu dieser Zeit ohnehin die halbe Bevölkerung im Urlaub zu sein scheint, schließt auch gleich ein Fünftel der Polizeistationen ihre Pforten.

Schweden lieben Süßes!

Die Schweden gelten als gesellig, offen, reformfreudig und innovativ.

Im Schwedischen duzt man einander – einzige Ausnahme ist die Königsfamilie, die wird nach wie vor gesiezt.

Schweden ist als Land der Toleranz bekannt.

Glücksmomente AUS SCHWEDEN

Happy Sweden –

ODER: DAS GROSSE GLÜCK BEGINNT KLEIN

Zugegeben, wir schielen gerne zu unseren nordeuropäischen Nachbarn. In den Bereichen Gleichberechtigung, Bildung oder Familienpolitik lässt sich durchaus etwas abgucken. Auch die skandinavischen Wohntrends begeistern uns immer wieder aufs Neue. Glück und Schweden – wer denkt da nicht gleich an Bullerbü und die Villa Kunterbunt?

Barfuß herumtollen, der Mund blaubeerverschmiert, jede Menge Abenteuer … Schweden gilt als kinderfreundlichstes Land der Welt. Seit Langem gibt es dort die Elternzeit für beide Elternteile und Kitas für alle. Auf Kinder wird selbstverständlich Rücksicht genommen: Selbst Manager halten für gewöhnlich nachmittags keine Meetings ab, weil sie um diese Zeit ihre Kinder aus der Tagesstätte holen und dann erst einmal gemeinsam gespielt wird. Die Rechte der Kinder werden hierzulande großgeschrieben. Und damit sich die Kleinen und Großen auch auf Augenhöhe begegnen können, stehen an Theke und Tresen in Gaststätten, Eisdielen und Läden fast überall Tritthocker. Denn die Schweden wissen: Kinder sind unsere Zukunft. Und aus glücklichen Kindern werden glückliche Erwachsene.

Lagom

DAS GLÜCK LIEGT IN DER MITTE

Nicht zuletzt trägt sicher auch *Lagom,* die besondere Lebenseinstellung vieler Schweden, zu ihrem Glück bei. Es bedeutet, stets ein gesundes Mittelmaß zu halten. Von allem nicht zu viel und nicht zu wenig, einfach ideal ausbalanciert.

Die schwedische Lebensart ist durchaus charmant und fordert den Alltag mit einer entspannten Alternative heraus. Lagom ist die Philosophie der Mitte. Genug zu haben, reicht völlig aus, um sich zufrieden im Lehnstuhl zurückzulehnen und das Leben zu genießen. Sich mäßigen und dabei zufrieden zu sein, darin liegt das Glück. Praktisch sieht das so aus:

- Nicht zu groß, aber auch nicht zu klein
- Nicht zu laut, aber auch nicht zu leise
- Nicht zu schrill, aber auch nicht unscheinbar
- Maßvoll, aber nicht mittelmäßig
- Kein Palast, aber auch keine Hütte
- Eine *Kanelbulle* (Zimtschnecke), aber nicht zwei. Es sei denn, es ist Samstag.

Die Essenz von Lagom: Alles in Maßen. Oder anders ausgedrückt: Wenn meine Erwartungen nicht übertrieben sind, dann kann ich gut mit ihnen Schritt halten. Und bin dabei mit mir und der Welt zufrieden.

Einfach glücklich sein

Die Betonung liegt auf einfach. Nicht zu viel, nicht zu wenig. Der gemeinsame Nenner der schwedischen Doktrin heißt „just enough". Wer braucht sieben Paar Schuhe für jede Saison, wenn zwei von guter Qualität völlig ausreichen? Die Zeit, die man auf der Jagd nach dem nächsten Paar verschwendet, kann man doch viel besser unter freiem Himmel verbringen. Mit gutem Schuhwerk, versteht sich – am besten aus heimischer Produktion. Wer bescheiden lebt, vereinfacht sein zuweilen sehr kompliziertes Leben. Hier fordert Lagom unsere konsumgetriebene Welt heraus. Wer die Herausforderung annehmen möchte, der betrachte die Dinge mit neuen Augen und erkenne: Es braucht nicht viel, um glücklich zu sein.

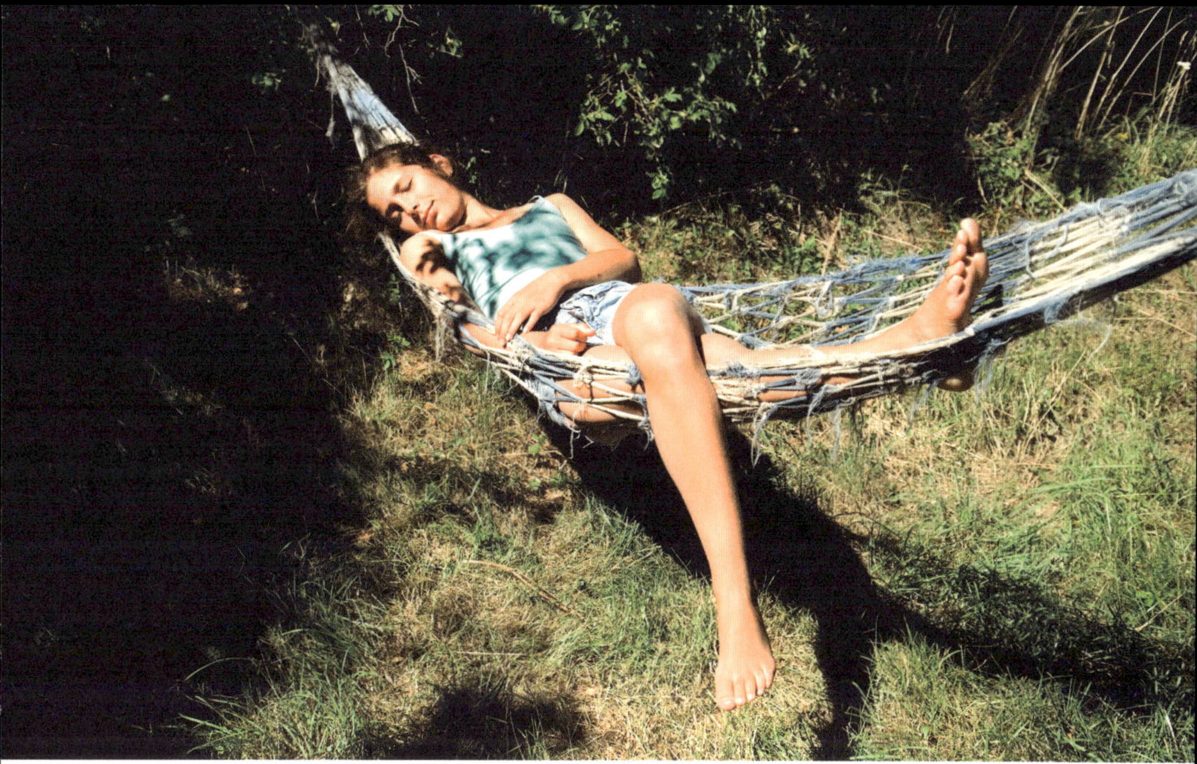

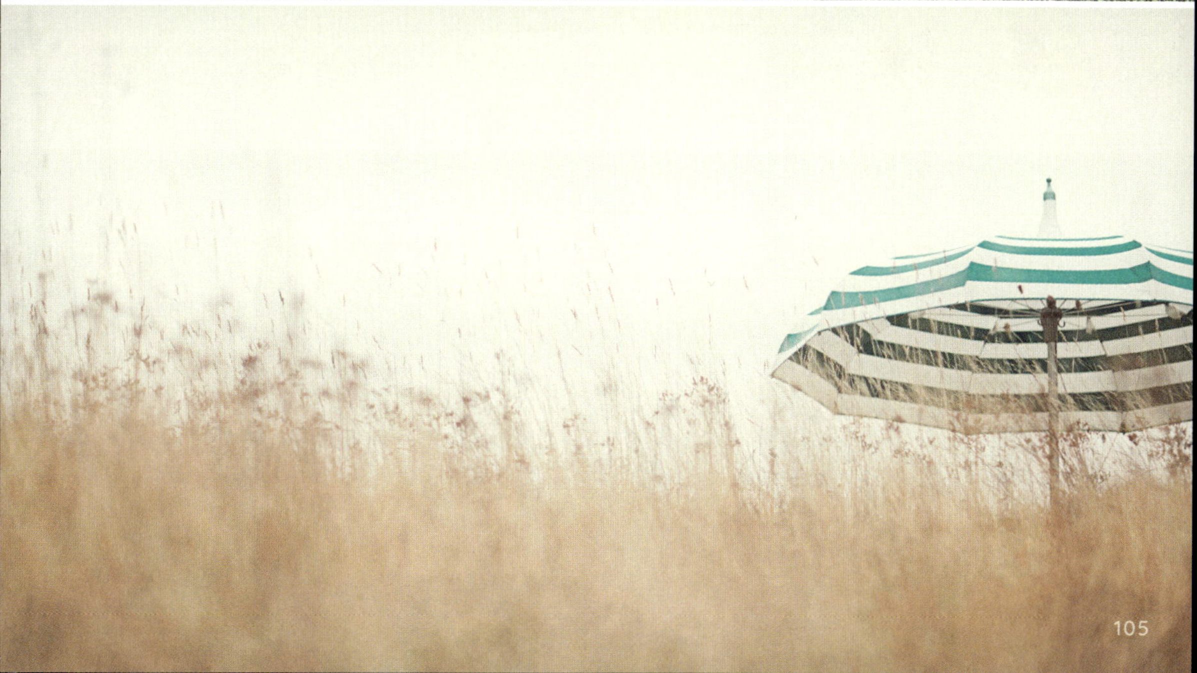

Friede, Freude, Lagom

Schweden beherrschen die seltene Kunst, sich zu duzen und dabei sehr höflich zu sein. Natürlich gehören Kritik und Konflikte hin und wieder auch zum menschlichen Miteinander – aber diese kommen ohnehin ganz von allein. Warum also nicht unnötigen Ärger vermeiden und sich ein paar dieser Energieräuber ersparen? Wie sagt man so schön: Höflichkeit glättet Runzeln.

Lagom pflegt höfliche Umgangsformen und erspart seinem Gegenüber unnötige Kritik. Dazu ein aufrichtiges, freundliches Lächeln – das ist die einfachste und günstigste Art, um seinen eigenen Tag und den der anderen zu erhellen und in Frieden zu verbringen.

Gute Fahrt will Weile haben

ENTSCHLEUNIGUNG IM ALLTAG

Warum rasen, wenn man doch bei einem Tempolimit von 110 km/h viel beschaulicher von A (wie Alingsås) nach B (wie Borlänge) kommt und so noch etwas von der großartigen Landschaft sieht?

Das Lagom'sche Prinzip der „Zurückhaltung" durchdringt alle Facetten des Lebens und gibt scheinbar auch das Tempo auf Schwedens Straßen vor. Auf Landstraßen bedeutet dies: Wir tingeln bei moderaten 70 km/h durchs Land. Anstatt auf der Überholspur unter Dauerstrom zu stehen, geht man gelassen vom Gas und übt noble Zurückhaltung. Damit ist gemeint: Ich muss nicht der Erste, Beste und Schnellste sein. Ich kann anderen den Vortritt lassen, ohne dass mir dabei ein Stein aus der Krone fällt.

Was für Schwedens Straßen gilt, gilt auch – oder erst recht – für die Wege des Lebens. Entschleunigung im Alltag heißt das Zauberwort. Nicht rastlos von A nach B hetzen, sondern die sprichwörtlichen Blumen am Wegesrand sehen. Sich Pausen gönnen und kleine Auszeiten nehmen, achtsam sein, sich Gutes tun.

Glück, das ist in beiden Händen Blumen halten

... sagt eine alte japanische Weisheit, die die Schweden mit einem „Just det!" und einem breiten Lächeln bestätigen werden. Vielleicht mit der kleinen Abwandlung, die Blumen auf dem Kopf zu tragen, damit man beide Hände zum Tanzen frei hat – rund um die Sommersonnenwende Ende Juni gerne auch zum *Midsommar*-Reigen.

Wissenschaftliche Studien belegen die positive Wirkung von Blumen – vor allem die der persönlichen Lieblingsblume. Diese kann unser Glücksgefühl nämlich mehr als verdoppeln. Umgeben wir uns also so oft es geht mit Blumen. In Vasen, Schalen oder Töpfen sind sie nicht nur hübsch dekorativ, sondern auch echte Glücksbringer.

❧ Pflücke den Tag! ❧

Einen Blumenkranz anzufertigen, ist ganz leicht. Und auch bei uns gibt es immer wieder schöne Gelegenheiten, Blumen im Haar zu tragen. Auf Hochzeiten, Jubiläums-, Geburtstags- und Sommerfeiern, auf Picknicks, Open-Air-Festivals, zur Gartenschau oder einfach mal so ...

DAS BRAUCHST DU:

- ❧ hübsche Blumen, frisches Bindegrün und blühendes Beiwerk als Füllmaterial (z. B. Schleierkraut) vom Floristen oder selbst gepflückte natürliche Wiesenblumen, -kräuter und Gräser
- ❧ Pflanzen- oder Basteldraht
- ❧ Drahtschere (zur Not tut's aber auch eine haushaltsübliche)
- ❧ Floristen-Tape (im Blumenladen erhältlich)

TIPP: Der Kranz lässt sich über Nacht im Kühlschrank aufbewahren und hält sich so bis zum nächsten Tag.

SO GEHT'S:

Lege den Draht um deinen Kopf, um den Umfang abzumessen.

Zwicke den Draht ab und fixiere die beiden Enden mit Tape oder verdrehe die Enden ineinander, sodass der Kranz fest zusammenhält.

Kürze alle Stiele auf etwa 6 cm – dann wird der Kranz flexibler und leichter.

Beginne nun mit zwei bis drei Blumen. Halte die Stiele direkt unterhalb der Blüten und lege sie am Draht an. Wickle sie nun leicht versetzt mithilfe des Tapes fest. Danach die nächsten Blüten dicht anlegen, wiederum umwickeln und so fort.

Der Kranz wirkt schön ausgeglichen, wenn du große, schwere und zarte, kleine Blütenköpfe immer abwechselst.

Du kannst die Blumen, das Grün und die Gräser auch vor dem Befestigen zu Sträußchen zusammenfügen, um zu sehen, wie dir die Komposition gefällt.

GEMEINSAM
SIND WIR STARK

Teamspirit ist das Herzstück von Lagom. Erfolge erreicht man viel besser gemeinsam als im Alleingang. Gerne wird hier auch auf die Wikinger verwiesen, die ihren Krug Met reihum geteilt haben sollen. Die Heranführung an den Teamgeist erfolgt in Schweden schon in der Kinderstube. Einzelleistungen erhalten keine spezielle Bühne. Was zählt, ist der Zusammenhalt und das, was man gemeinsam erreicht. Bei Wettkämpfen gilt: Erster, zweiter und dritter Sieger haben durchaus ihren Charme.

Working Happiness

Im Berufsleben zeigt Lagom sich von seiner spannendsten Seite. Auch hier regiert der Teamgeist: Jeder bringt sich ein, selbst wenn sich die Sitzung dadurch in die Länge zieht. Die Hierarchien werden flach gehalten, Mitarbeiter bestimmen aktiv mit. Es gibt schwedische Unternehmen, die ganz auf Jobtitel verzichten. Nicht wegzudenken sind der Obstkorb am Arbeitsplatz und die ausgiebige Kaffeepause, die *Fika*. Leistung wird wertgeschätzt, genau wie der pünktliche Dienstschluss um 17:00 Uhr. Wer länger im Büro sitzen bleibt, hat einfach nur schlecht geplant. Wo Lagom die Arbeitsmoral prägt, kommt etwas sehr Angenehmes heraus: Man ist füreinander und für die Sache gemeinsam verantwortlich; zollt sich gegenseitig Respekt. Das zeigt sich auch darin, dass das private Handy am Arbeitsplatz die Ausnahme ist. Schwedische Mitarbeiter müssen kein schlechtes Gewissen haben, wenn sie einen zusätzlichen Auftrag ablehnen, weil sie sonst andere Zusagen nicht halten könnten. Immer realistisch und am Boden bleiben, einander helfen und den wohlverdienten Feierabend genießen. Hierin liegt der Schlüssel für die Balance am Arbeitsplatz.

Vill du fika?

KLEINE PAUSEN ERFRISCHEN DEN GEIST!

Lust auf einen Kaffee? Nichts bringt uns besser voran als eine Pause, wissen die Schweden. Deswegen wird hierzulande auch ein- oder mehrmals täglich *Fika* gemacht – sowohl am Arbeitsplatz als auch privat. Die *Fika* ist dabei weit mehr als nur eine Kaffeepause. Sie ist eine soziale Institution. Hier wird sich vernetzt, es werden neue Bande geknüpft, Freundschaften gepflegt, Neuigkeiten ausgetauscht, Konditionen verhandelt und manchmal auch große Liebesgeschichten besiegelt. Versüßt wird sie mit Kuchen und Gebäck, dem sogenannten *Fikabröd*. Zu besonderem Ruhm hat es die Zimtschnecke – die *Kanelbullar* – gebracht, die rund um den Globus viele Freunde gefunden hat.

GLÜCK VOM BLECH

Ofenwarme Kanelbullar

DAS IST DRIN:
Zutaten für 1 Blech voller Freude:

- ❀ 75 g Margarine oder Butter
- ❀ ¼ l Milch
- ❀ 25 g frische Hefe
- ❀ 75 g Zucker
- ❀ 1 Prise Salz
- ❀ 500 g Weizenmehl

Für die Füllung:

- ❀ zerlassene Butter
- ❀ 50 g Zucker
- ❀ ½ EL Zimt

Süßes Finish vor dem Backen:

- ❀ 1 Ei zum Bestreichen
- ❀ Hagelzucker zum Verzieren

SO GEHT'S:

Butter/Margarine im Topf schmelzen. Milch hinzufügen und auf circa 37 Grad erwärmen.

Nun Hefe hinzugeben und auflösen. Zucker, Salz und Mehl vermengen. Milch-Butter-Gemisch hinzufügen. So lange kneten, bis der Teig glatt und geschmeidig ist.

Den Teig abdecken und circa 45 Minuten an einem warmen Ort aufgehen lassen.

Anschließend auf einer mehligen Arbeitsfläche durchkneten und in zwei Teile teilen. Zu jeweils rechteckigen Flächen ausrollen und diese mit zerlassener Butter bestreichen.

Zucker und Zimt mischen und den Teig damit dick bestreuen. Wie eine Roulade rollen und in ungefähr 3–4 cm dicke Scheiben schneiden.

Die Stücke auf das Backblech legen. Den Teig noch einmal kurz gehen lassen und den Ofen auf 220 Grad vorheizen.

Die *Kanelbullar* mit geschlagenem Ei bepinseln und anschließend mit Hagelzucker bestreuen. Auf der mittleren Stufe im vorgeheizten Backofen bei 180–200 Grad etwa 10 Minuten backen. Süße Pause!

Vom Glück des Miteinanders

Eines gilt überall auf der Welt: Freunde sind Glücksbringer und gemeinsame Unternehmungen Tankstellen im Alltag. Es tut einfach gut, beisammen zu sein, miteinander über die neuesten Missgeschicke zu lachen und aus dem Einsiedlertum auszubrechen, denn zu oft dreht sich alles um das eigene kleine Universum. Als Team denken, sich umeinander kümmern und auf den anderen acht-geben, das ist eine zentrale Tugend in vielen nordeuropäischen Ländern, so auch in Schweden. Das Gemeinsame wiegt mehr als das Einzelinteresse. Die Glücksforschung bestätigt: Wer seine Freunde im Blick hat und nicht nur an sich selbst denkt, bringt Glück ins eigene Leben. Und was mindestens genau-so wichtig ist: ein Strahlen in das der anderen.

Singen macht glücklich!

Es befreit und macht rundum gute Laune! Wer singt, der ist im Allgemeinen gesünder, lebensfroher, zuversichtlicher und tatkräftiger, sagt die Wissenschaft – ganz egal, ob die Töne sitzen oder nicht. Die Schweden machen's vor: Von jung bis alt, allein oder gemeinsam, mal laut, mal leise, von früh bis spät – in Schweden wird gern gesungen. Feiern und singen gehören hier einfach zusammen. Schweden gilt auch als Volk der Chorsänger. Gemessen am Bevölkerungsanteil, sind doppelt so viele Leute in Chören aktiv wie beispielsweise in Deutschland. Typisch schwedisch ist der *Allsång*, der Allgesang. Früher versammelte sich das ganze Dorf zum gemeinsamen Singen, heute singt und schunkelt das Publikum auf besonderen Konzertveranstaltungen mit. Wenn die Schweden einmal nicht selbst ein fröhliches Lied anstimmen, dann verfolgen sie vielleicht gerade eine der unzähligen beliebten Gesangsshows im Fernsehen oder den *Eurovision Song Contest*, der in Schweden Kult ist.

Wer singen will,
findet immer ein Lied.

WEISHEIT AUS SCHWEDEN

Mach dir die Welt, wie sie dir gefällt

Schwedens wohl berühmtester Export hat rote Haare, jede Menge Sommersprossen und trägt einen ziemlich außergewöhnlichen Namen: Pippilotta Viktualia Rollgardina Pfefferminz Efraimstochter Langstrumpf.

Das stärkste Mädchen der Welt ist nicht nur eine der beliebtesten Heldinnen aus vergangenen Kindertagen, sondern auch eine wunderbare Lebenskünstlerin. Dabei benötigt sie nicht viel zum Glücklichsein. Sie besitzt zwar einen Koffer voller Goldstücke, führt aber ein bescheidenes Leben. Statt wechselnder Garderobe erlebt sie ihre Abenteuer in den immer gleichen Strümpfen und ist lieber an der frischen Luft als zu Hause. Es sei denn, sie backt für ihre besten Freunde, Thomas und Annika, Pfefferkuchen.

Was wir vor allen Dingen von Pippi lernen können, das ist ihre Gelassenheit, sie selbst zu sein, ihre Stärke, sich nicht zu verbiegen; ihr Mut, sich für andere einzusetzen und ihr fröhliches Gemüt, das ihr hilft, immer das Beste in allen Dingen zu sehen.

Die Natur genießen

Die Natur gehört allen und alle dürfen sie genießen! Die Schweden sind stolz auf ihr *Allemansrätt* (Jedermannsrecht). Bis aufs Mittelalter lässt es sich zurückverfolgen und räumt jedem Schweden große Freiheiten in der Natur ein, wie zum Beispiel das Recht, auf unkultiviertem Land eine Nacht zelten zu dürfen, sofern man sich nicht in der Nähe eines Wohnhauses befindet. Natürlich gibt es neben großzügigen Rechten auch einige Pflichten. Letztere sind für die Schweden jedoch Selbstverständlichkeiten, denn wer seine Umwelt pflegt und achtet, der sichert sich und den nachfolgenden Generationen Schätze von großem Wert und erntet die schönsten Glücksmomente unter freiem Himmel.

Eiskalte Beerenfreude am Stiel

Reife, süße Beeren zu pflücken und gleich an Ort und Stelle vernaschen. Es gibt nicht vieles, was uns ein ähnliches Glücksgefühl bescheren kann – das aber bestimmt: köstliche Sommerbeeren in ein Eis am Stiel zu verpacken!

DAS IST DRIN:
Zutaten für 4 Naschkatzen:

- frische Beeren (alternativ TK)

- 100 g Sahne

- 400 g Joghurt

- 80 g Puderzucker

- 1 Päckchen Vanillezucker

- 1 EL Zitronensaft

SO GEHT'S:

Wunschbeeren waschen, trocken tupfen und bei Bedarf zerkleinern. Sahne steif schlagen.

Joghurt mit Puderzucker, Vanillezucker und Zitronensaft vermengen. Sahne unterheben.

Die Creme löffelweise in die Eis-Förmchen füllen und die Beeren nach und nach hinzugeben.

Mindestens drei Stunden in den Gefrierschrank stellen. Fröhliches Genießen!

Ein Augenblick der Seelenruhe

Muße und Entspannung im Alltag finden und unsere Energiereserven auffüllen. Das macht den Kopf frei für neue Aufgaben und Herausforderungen.

Wenn uns die Zeit fehlt, dürfen wir sie uns ruhig auch mal „stehlen" – vielleicht einen Termin verlegen oder eine andere Verpflichtung kurz halten; prüfen, was wirklich dringend ist, und was noch auf uns warten kann. Hin und wieder die Füße hochlegen und einfach Pause machen. Denn wer Pausen macht, ist glücklicher, bestätigt eine Vielzahl von Studien – und rücksichtsvoller!

In einem wissenschaftlichen Experiment wurden zwei Gruppen von Studenten getestet. Der einen Gruppe wurde bekannt gegeben, dass sich der Raum für ihre direkt anstehende Prüfung geändert habe und sie sich beeilen müssten. Der anderen Gruppe wurde die Raumänderung ebenfalls mitgeteilt, allerdings mit dem Hinweis, es bliebe noch genügend Zeit für den Wechsel. Beide Gruppen kamen auf dem Weg an einer offensichtlich hilfsbedürftigen Person vorbei, nur eine aber hielt an, um zu helfen: die Gruppe, die nicht unter Druck stand.

Noch eine Offenbarung: Die Teilnehmer waren allesamt Studenten des Samariterordens. Zwei gute Gründe also, Stress zu vermeiden – uns selbst und unseren Mitmenschen zuliebe.

Ein gutes Gewissen ist
ein sanftes Ruhekissen.

Nachhaltigkeit: gut für die Umwelt – und für die Seele

WIE WIR MIT KLEINEN ÄNDERUNGEN ENERGIE SPAREN

Die modernen Wikinger sind keine Energieräuber, sondern pflegen einen Lagom-gerechten Umgang mit den Ressourcen. Unter anderem zeigt sich das in einem moderaten Verbrauch von Strom und Wasser – und der ist meist ganz einfach umzusetzen: Die Dusche siegt über das Vollbad, der Wasserhahn hat während des Zähneputzens Pause und kommt nur zum Spülen zum Einsatz, die Spartaste am WC wird so oft wie möglich betätigt. Vom Sofa abgerückte Heizkörper sparen Energie – natürlich in einem von Energiesparlampen erleuchteten Heim, in dem elektronische Geräte geduldig auf Standby warten. Aufladbare Batterien ersetzen ihre Wegwerf-Variante. Den Kühlschrank öffnen wir nicht länger, als es braucht, um Milch und Butter zu entwenden. Und wenn es noch ein bisschen weniger Energieverbrauch sein darf, dann schicken wir den Trockner ruhig einmal in den Urlaub und setzen auf Windkraft und Sonnenenergie. Geschirrspüler und Waschmaschine (Energieklasse A) werfen wir erst an, wenn ihre Bäuche gut gefüllt sind. Mit diesen kleinen Schritten sind wir schon gut mit dabei beim nachhaltigen Lagom-Lebensstil, der auch das Wohl der nächsten Generation im Blick hat. Ein gutes Gefühl, unseren Beitrag zu leisten, und spätestens beim Lesen der nächsten Abrechnung sind wir stolz wie die Wikinger und glücklich wie Bolle!

Upcycling – aus Alt mach Neu und hab Spass dabei!

Wenn die Gummistiefel zum Fußbad werden, haben sie eindeutig ausgedient. Also weg mit ihnen auf den nächsten Müllberg; dort können sie es sich für die nächsten Jahrhunderte bequem machen. Aber halt! Wie wäre es mit ein wenig Upcycling? Auch das passt zum schwedischen Lagom, das gegen jede Form von Verschwendung eintritt. Mit ein paar Ideen werden die ausrangierten Stücke zu einem Deko-Objekt, das Blumen und Kaktus charmant in Szene setzt. Und weil es so viel Spaß macht, verwandeln sich die alten Jeans in eine Handtasche und die Paletten in einen Tisch. Upcycling ist das kreative Veto gegen die Wegwerfgesellschaft und gibt ausrangierten Gegenständen eine neue Daseinsberechtigung. Das Ergebnis kann sich sehen lassen und sorgt für eine willkommene Überraschung.

Um sich
im Hafen wohlzufühlen,
muss man die raue See
befahren haben.

WEISHEIT AUS SCHWEDEN

Wie oft glauben wir, dass Probleme uns vom Glücklichsein abhalten. Dabei sind sie in Wirklichkeit nur Meilensteine auf dem Weg zum Glück. Weil sie uns dazu verhelfen, wertvolle Erfahrungen zu machen, unsere Sicht auf die Dinge und die Welt zu verändern und unser Können unter Beweis zu stellen – und damit auch unser Selbstwertgefühl enorm steigern. Manchmal geht es gar nicht so sehr darum, eine Lösung zu finden, sondern darum zu sehen, dass wir stark genug sind, mit ihnen umzugehen. Wenn es uns gelingt, in schwierigen Situationen nicht „Probleme", sondern „Herausforderungen und Weggefährten auf Zeit" zu sehen, finden wir wieder die Ruhe in uns selbst und können frei atmen. Damit wir uns auf das konzentrieren können, was wirklich wichtig ist: all das Gute da draußen. Denn das Glück ist wie das Meer – seine Wellen kehren immer wieder.

Das Glück ist (manchmal) rund

Die Schweden wissen: Ein satter Magen – ein glückliches Gemüt. Und dass der Schweden-Klassiker „Hackbällchen mit Soße" mal ganz prima ohne Fleisch auskommt, beweisen sie uns auch gleich.

Eine Pfanne leckere Veggie-Köttbullar

DAS IST DRIN:
Zutaten für 1–2 hungrige Bäuchlein:

- 1 kleine Zwiebel
- 2 Knoblauchzehen
- 100 g Käse (mild)
- 100 g geriebene Mandeln
- 10 g Quinoa, gepufft
- 60 g Semmelbrösel
- 2 TL Majoran
- ½ TL Paprikapulver (edelsüß)
- 2 Eier
- 1 EL Worcestersoße (alternativ Sojasoße)

- 1 l Gemüsebrühe
- etwas Butter

Für die Soße:

- Gemüsefond (selbst hergestellt oder aus dem Glas)
- ein Schuss Weißwein
- 125 g Sahne
- Pfeffer & Salz
- Petersilie (zum Anrichten)

SO GEHT'S:

Zwiebeln und Knoblauch schälen und fein hacken, den Käse reiben. Die rohen Zwiebeln und den Knoblauch mit dem Käse und den Mandeln vermischen. Quinoa, Semmelbrösel, Kräuter, Eier und Worcestersoße hinzufügen und alles gut miteinander verkneten. Aus dem Teig walnussgroße Kugeln formen und diese 6 Minuten lang in der Gemüsebrühe köcheln lassen. Die *Köttbullar* mit einer Kelle aus der Brühe holen und in einer Pfanne mit Butter einige Minuten von allen Seiten knusprig braten.

Für die Soße *Köttbullar* aus der Pfanne nehmen. Mit Gemüsefond und eventuell einem Schuss Weißwein ablöschen. Sahne aufgießen, mit Pfeffer und Salz abschmecken. *Köttbullar* einlegen und noch ein paar Minuten in der Soße ziehen lassen. Mit Petersilie servieren.

Zuhause ist kein Ort, sondern ein wohliges Gefühl

Nach einem langen, nasskalten Tag nach Hause kommen, durchatmen, in die dicken Wollsocken schlüpfen, die Lieblingsstrickjacke überziehen … Zuhause, das ist unser persönlicher Zufluchtsort, an dem wir Ruhe und Entspannung finden; liebevoll eingerichtet erwartet uns ein heimeliges Ambiente. Und in der Adventszeit darf es ruhig noch etwas mehr sein – gerne nach skandinavischem Vorbild.

BLUMEN IN DOSEN

Eine typische Weihnachtsblume in Schweden ist die Hyazinthe. Es muss aber nicht immer die klassische Vase, der Blumentopf oder eine Schale sein.

Leere Dosen in Kombination mit Bastschleifen und Stoffstreifen, Paketschnur oder Seidenpapier sind ein toller Hingucker und eignen sich auch als kleines (Gast-)Geschenk.

WANDSCHMUCK AUS PACKPAPIER

Auch in Schweden hat das Schmücken der eigenen vier Wände Tradition. Schon mit minimalem Aufwand und wenigen Mitteln können wir eine gemütliche Atmosphäre zaubern.

Weihnachtliches Birkenbäumchen

SO GEHT'S:

Säge die Birkenzweige in die gewünschte Länge und achte dabei auf eine saubere Schnittkante.

DAS BRAUCHST DU:

- mehrere Birkenzweige (circa 8 mm Durchmesser)
- 1 Scheibe eines Birkenastes (circa 2 cm Durchmesser)
- Steckdraht (1,4 mm)
- allerlei Weihnachtsschmuck

Mit einem feinen Bohrer vorsichtig ein circa 1,5 cm tiefes Loch in die Mitte der Birkenscheibe bohren. Anschließend vertikal ein Loch durch einen Zweig bohren.

Durch diesen wird der Steckdraht geführt und in der Birkenscheibe verankert, sodass er ein Fundament bildet. Durchbohre nun die restlichen Birkenzweige jeweils in der Mitte und stecke sie übereinander auf. Durch unterschiedliches Ausrichten der Zweige entsteht ein hübscher Baum-Effekt.

Nun geht es ans Dekorieren. Verwende alles, was du an Weihnachtsschmuck im Haus hast, und lass deiner Fantasie freien Lauf. Als Krönung erhält der Baum zum Beispiel einen hübschen Papierstern. Schon ist dein Kunstwerk fertig! Das Schöne daran: Wenn du willst, dann schmückt es auch all deine nächsten Weihnachtsfeste …

God jul!

„En människa gör ingen sommar. Men två gör vintern mindre kall",
heißt es in Schweden: Ein Mensch macht noch keinen Sommer. Aber
zwei machen den Winter weniger kalt. In diesem Sinne wünschen wir
allen ein fröhliches Zusammenrücken und ein wundervolles Fest!

Lotta Johannson, geboren 1980 in Söderköping, ist an der schwedischen Küste aufgewachsen und lebte schon in Dänemark, Deutschland, Norwegen und den USA. Sie hat Sozialwissenschaften in Uppsala und Kiel studiert und war viele Jahre für internationale Verlage tätig. Ihr besonderes Interesse gilt der Glücksforschung.

Heute lebt die freischaffende Autorin auf Gotland. Ihr großes Glück hat sie in ihrem Mann Erik und ihren Kindern Nora und Lukas gefunden. Ein kleines Glück hat sie sich selbst mit dem vorliegenden Buch erfüllt, das gemeinsam mit ihren Sandkastenfreunden Lisa und Kai Olsen entstand.

Bildnachweis Fotografien Innenteil:

Getty Images / Thinkstock: S. 6, 7, 8, 9, 11, 12, 15, 19, 21, 22, 23, 25, 26, 28, 35, 37, 39, 43, 46, 47, 51, 52, 53, 54, 55, 57, 59, 65, 73, 75, 76, 78, 79, 81, 82, 87, 88, 91, 92, 93, 95, 96, 97, 98, 99, 107, 109, 111, 117, 124, 127, 129, 130, 132, 137, 138, 139, 141, 142; S. 7: jean Schweitzer / Alamy Stock Foto; S. 8: salajean / Shutterstock.com, Jean Schweitzer energy pictures / Alamy Stock Foto; S. 8, 67, 71, 99, 105, 128: Johner Images / Alamy Stock Foto; S. 11: blackzheep / Shutterstock.com; S. 13: FWStudio / Shutterstock.com; S. 14: Roman Babakin / Alamy Stock Foto; S. 16: Agnes Kantaruk / Shutterstock.com; S. 28: Anastasia Tveretinova / Shutterstock.com; S. 31: A. and I. Kruk / Shutterstock.com, Remo Savisaar / Alamy Stock Foto; S. 32: Kobryn Andrii / Alamy Stock Foto; S. 35: Ekaterina Demidova / Alamy Stock Foto; S. 40: Nigel Howard / Alamy Stock Foto; S. 41: Tim Graham / Alamy Stock Foto; S. 43: seewhatmitchsee / Alamy Stock Foto; S. 44: Blue-Orange Studio / Shutterstock.com; S. 48: Katerina Morozova / Shutterstock.com; S. 54: imageBROKER / Alamy Stock Foto, Robert Matton AB / Alamy Stock Foto, Sindre Ellingsen / Alamy Stock Foto; S. 55: Andris Barbans / Shutterstock.com; S. 57: Jan Faukner / Shutterstock.com, goodmoments / Shutterstock.com, PHB.cz (Richard Semik) / Shutterstock.com, Feel good studio / Shutterstock.com, illpaxphotomatic / Shutterstock.com; S. 59: Angela Waye / Alamy Stock Foto; S. 61, 63: Cultura Creative (RF) / Alamy Stock Foto; S. 63: Jan Wlodarczyk / Alamy Stock Foto; S. 67, 71: Everst / Alamy Stock Foto; S. 68: Anton Petrus / Shutterstock.com; S. 71, 119: Jacob Lund / Shutterstock.com; S. 73: Rob Watkins / Alamy Stock Foto; S. 74: Jenna Harman / Alamy Stock Foto; S. 75: Alesia Veremjova / Shutterstock.com; S. 84: AnnaAzary / Shutterstock.com, Nook Thitipat / Shutterstock.com; S. 91: Patryk Michalski / Alamy Stock Foto; S. 94: TanaCh / Shutterstock.com; S. 95: BlueOrange Studio / Shutterstock.com; S. 97: Nordicphotos / Alamy Stock Foto; S. 98: Dave Stevenson / Alamy Stock Foto, Skaska_I / Shutterstock.com; S. 99, 101, 105, 123: Folio Images / Alamy Stock Foto; S. 101: Olle Robin / Alamy Stock Foto, Colouria Media / Alamy Stock Foto; S. 101, 128: Mats Lindberg / Alamy Stock Foto; S. 103: Risto Hunt / Alamy Stock Foto; S. 111: BMJ / Shutterstock.com, bildfokus.se / Shutterstock.com; S. 113: Daryna Kurinna / Shutterstock.com, Tatyana Vyc / Shutterstock.com; S. 115: Bonekimages / Alamy Stock Foto, Utterström Photography / Alamy Stock Foto; S. 119: INTERFOTO / PHOTOFVG / Andrea Pavan, INTERFOTO / Robert Harding / Frank Fell; S. 121: Rimma Bondarenko / Shutterstock.com; S. 123: Deco / Alamy Stock Foto; S. 127: RooM the Agency / Alamy Stock, Tatyana Ivanikova / Alamy Stock Foto, age fotostock / Alamy Stock Foto; S. 130: Panther Media GmbH / Alamy Stock Foto; S. 133: warin yuprasert / Shutterstock.com, Richard Wareham Fotografie / Alamy Stock Foto; S. 135: Konstantin Kolosov / Shutterstock.com; S. 139: Kati Finell / Shutterstock.com; S. 142: Shutterstockphoto3 / Shutterstock.com; S. 143: liyavihola / Shutterstock.com, Ashley Cooper / Alamy Stock Foto

© 2018 arsEdition GmbH, Friedrichstr. 9, 80801 München • Alle Rechte vorbehalten
Text: Lotta Johannson, Lisa und Kai Olsen • Grafische Gestaltung und Illustration: Inka Vigh

ISBN 978-3-8458-2804-6 • 1. Auflage

www.arsedition.de